KB214625

교회에서 보낸 하루

교회에서 보낸 하루

지은이 이재성
펴낸이 원성삼
표지 및 본문디자인 황수진
펴낸곳 예영커뮤니케이션

초판 1쇄 발행 2022년 10월 24일

등록일 1992년 3월 1일 제2-1349호
주소 03128 서울시 종로구 대학로3길 29, 313호(연지동, 한국교회100주년기념관)
전화 02-766-8931
팩스 02-766-8934
이메일 jeyoung@chol.com

ISBN 979-11-89887-56-8 (04230)
      979-11-89887-55-1 (04230) 세트

값 8,000원

 모든 인간은 하나님의 형상을 닮은 존귀한 존재입니다. 사람은 인종, 민족, 피부색,
문화, 언어에 관계없이 모두 다 존귀합니다. 예영커뮤니케이션은 이러한 정신에
근거해 모든 인간이 존귀한 삶을 사는 데 필요한 지식과 문화를 예수 그리스도의 사랑으로
보급함으로써 우리가 속한 사회에 기여하고자 합니다.

신앙교육
시 리 즈
01

교회에서 보낸
하루

이재성 지음

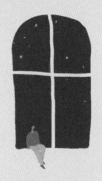

예영 커뮤니
케이션

교회에 첫 발을 디딘 대부분의 사람들은 매우 어색한 시간의 경험을 기억합니다. 기독교가 우리나라에 들어온 지 140년이 다 되어가지만, 교회가 익숙하지 않은 사람과 교회를 멀리하는 사람이 여전히 많습니다. 그 가운데서, 전도를 받거나 구도(求道)를 향한 관심으로 마음먹고 스스로 교회를 찾아 왔어도 그 사람이 느끼는 생경함을 어쩔 수 없는 것 같습니다. 이를 인식한 많은 목회자가 그 어색함을 덜 느끼도록 하는 여러 가지 제도적 단계를 만들어 왔습니다. 그럼에도 불구하고 여전히 그 숙제는 목회자들의 과제로 남아있습니다.

처음 교회를 온 사람이 느끼는 생경함은 교회가 학교의 교과과정에서 주는 것과는 다른 진리체계에서 옵니다. 예를 들면 교회란 무엇인가? 구원이란 무엇인가? 꼭 일요일에 왜 사람들이 모여서 예배하는가? 예배의 목적은 무엇인가? 성경은 무엇을 전달하는 경전인가? 성도는 왜 늘 하나님께 기도하는가? 예배 시에 신앙고백을 하는데, 꼭 해야 하는가? 하나님의 백성이라고, 성도(聖徒)라고 늘 말하는데, 이것을 어떻게 받아들여야 하는가? 등은 교회에 문을 두드린 사람이 혼자서 쉽게 해결할 수 있는 내용이 아닙니다.

이러한 생경함을 동천교회에서 시무하는 이재성 목사님이 오랜 목회 경험을 통하여 친숙한 언어로 꼼꼼하게 설명합니다. 제목 "교회에서 보낸 하루"와 부제 "신앙의 여정을 시작하는 이들을 위하여"에서 보여주듯이 이 책에는 교회에서 일상적으로 표현하는 초신자, 새신자 등의 단어와 다른 따뜻한 목회적 성찰이 깃들어 있습니다. 그리고 주제를 다루는 저자의 보수적 신학적 통찰 또한 내용 곳곳에서 드러납니다. 실은 위에 언급된 여러 물음의 답변은 단순히 교회에 첫 발을 디딘 사람에게만 필요한 것은 아닙니다. 이미 오랜 시간 교회에서 시간을 보낸 성도 또한 가져야 할 기독교 기본 지식입니다. 그런 의미에서 이 책은 신앙을 시작하는 사람에게만 필요한 것이 아니라 성도 모두가 알아야 할 내용이기에 기쁜 마음으로 추천합니다.

– 최순봉 박사(현 서울성경신학대학원대학교 총장)

한 사람을 전도하는 것도 어렵지만 전도된 한 사람을 제대로 양육하는 것은 더 어려운 것 같습니다. 바울은 복음을 심었고 아볼로는 물을 주었다고 했는데, 어쩌면 아볼로의 양육이 시간과 열정과 기도와 물질이 더 많이 소모되는 일이 아니었을까 생각해 봅니다.

각 교회에서 양육의 중요성과 가치를 충분히 인식하고 이 일에 심혈을 기울이고 있기도 합니다. 그 일환으로 양육 교재를 많이 집필하는 것입니다. 다양한 주제로 4-5주 동안의 교육 교재를 간단히 기술한 것들이 대부분입니다. 시중에 이런 교재가 수십 종 나와 있으며 또한 개 교회가 발행한 것과 편집된 것을 합하면 그 수는 훨씬 더 많을 것입니다.

　이번에 이재성 목사가 펴내는 『교회에서 보낸 하루』는 지금까지 출간된 새가족들을 위한 양육 교재와 다른 분명한 특징을 가지고 있습니다. 먼저, 이 교재는 시종일관 새가족의 눈높이에 맞추어 알기 쉽게 그리고 상세히 설명하였습니다. 신학자이며 목회자인 그는 처음으로 예배당에 발을 딛는 그들의 입장에서 학적이면서 실천적인 측면을 고려하여 이 책을 꼼꼼하게 집필하였습니다.

　둘째, 새 신자가 알아야 할 기독교 기본 진리의 주제 7가지를 다루었습니다. 그가 선정한 주제는 교회, 주일, 예배, 성경, 기도, 사도신경 그리고 구원입니다. 이런 것들은 새신자가 필히 알아야 할 주제들입니다. 이 같은 주제들을 성경과 신학과 역사적인 자료들을 근거로 논리 정연하게 설명하였습니다. 그리고 각 과마다 거의 같은 분량의 원고를 작성함으로 한쪽으로 치우치지 않고 균형을 잘 잡았습니다.

셋째, 본 교재를 따라 이 과정을 성실히 이수하게 되면 어느 누구든지 교회에 잘 적응할 것으로 보이고, 더 나아가서 신실한 그리스도의 제자로 성장해 갈 것을 의심치 않습니다. 새신자를 빠르게 교회에 적응하게 하며 예수님의 좋은 제자가 되게 하는 데 근래 보기 드문 훌륭한 기초 교재가 될 것입니다.

이 교재를 손에 들고 교회에서 성실하게 하루를 보낸다면 어느새 그는 은혜 중에 구원받은 하나님의 자녀가 되어 있으며 신실한 주님의 제자로 힘차게 나아가고 있을 것입니다. 이 책으로 가르치는 성경 교사들과 이 교재로 공부하는 귀한 새신자들에게 하나님의 은혜가 충만하시기 바랍니다.

－ 이정현 박사(소망교회 담임목사, 대신총회 총회장,
서울성경신학대학원대학교 초빙교수)

이 책은 교회, 주일, 예배, 성경, 기도, 사도신경, 구원에 관하여 다루고 있습니다. 모두 신앙생활에서 중요한 주제들로, 교회에 첫발을 내딛은 이들이 꼭 알아야 할 내용입니다. 이재성 목사님은 한 교회의 담임목사로서 목회 현장에서 오랜 세월 동안 많은 신입 교우들을 가르치며 목회

했습니다. 신입 교우들이 낯선 교회에 처음 와서 적응하는 데 힘들어하는 것들이 무엇인지, 그리고 신앙 성장에 있어서 알아야 할 핵심이 무엇인지 온 몸으로 부대끼며 체득하였습니다. 이 책은 저자가 목회 현장에서 실제로 경험한 바를 기록하였습니다. 추상적이고 사변적인 내용이 아니라, 교회 현장에서 신입 교우가 알면 교회에 적응하고 신앙 성장에 도움이 될 핵심 내용을 기록하였습니다.

이 책은 단순히 현장의 생생함과 필요성만 담은 것이 아니라, 학문성도 갖추었습니다. 이재성 목사님은 현장 목회자이면서 신학 연구에도 몰두하여 박사 학위를 받은 분입니다. 이로 인한 신학의 깊이가 현장의 생생함과 필요성에 덧붙여져 이 책을 더욱 풍성하게 만들었습니다. 총 7가지 주제를 다루었는데 주제마다 성경적 근거를 치밀하게 다루었고, 역사의 흐름에서 어떤 지지와 역할을 했는지 지금 이 시대에 어떤 실천성이 있는지를 다루었습니다. 막연히 호소하는 것이 아니라 성경과 역사에 근거를 두고 논증하며 이해와 확신을 불러일으킵니다.

이 책은 쉬우면서 깊이가 있고, 실천적이면서 이론적이고, 현장성이 있으면서 학문성을 곁들였습니다. 독자들은 7가지 주제에 대하여 추상적이고 사변적인 이론이 아니라 현장에 적용성이 있는 실천적이고 실제적인 내용을 접하게 될 것입니다. 신입 교우만이 아니라 신앙생활을 오래한 성도들도 그간 당연히 알고 있으리라 생각했던 7가지 주제에 대하여 잘 정리하는 유익을 맛볼 것입니다. 한국의 여러 교회에서 신입 교우를 섬기는 데 이 책이 크게 도움이 되리라 생각하여 강력하게 추천합니다. 아울러 목회 현장 경험이 많은 목사님들이 앞으로 이 책과 같이 현장성과 학문성을 겸비한 책을 출판하는 일이 활발히 일어나기를 바랍니다.

- 정요석 박사(세움교회, 개신대학원대학교 조직신학 겸임교수)

하나님께서 이재성 목사님을 사용하셔서 이 글을 쓰게 하신 것을 나는 믿습니다.

이 목사님을 알고 지낸 기간이 30년이나 됩니다.

한 교회에서 건강한 교회, 교회다운 교회를 꿈꾸며 함께 사역을 하기도 했습니다.

늘 맑은 영성을 가지고 수많은 신학서적과 씨름하며 그러한 교회를 만들어 가려고 애쓰던 그 모습이 눈에 아른 거립니다.

이 책은 저자의 그 마음을 담아 이 땅에 태어났습니다.

한 자, 한 자의 글 속에는 진실이 새겨져 있고, 영적으로 태어난 한 영혼을 건강한 그리스도인으로 세워 가고자 하는 영혼의 몸부림이 담겨 있습니다.

이 책은 신앙생활을 시작한지 얼마 되지 않으신 분들에게는 신앙생활에 있어 중요한 신앙의 기초를 쉽고도 탄탄하게 설명해 내고 있고, 오랜 기간 무덤덤한 신앙생활에 젖어 있는 분들에게는 활기를 더해 주고, 소망의 빛, 구원의 빛을 더해 줄 수 있다고 믿기에 이 책을 적극 추천합니다.

이 책을 읽는 모든 분들의 영혼이 살아나고, 지교회들이 건강하게 성장하여, 교단과 한국 교회가 다시 한번 참된 부흥의 역사를 맛볼 수 있기를 두 손 모아 기도해 봅니다.

– 서정환 목사(대한예수교장로회 순장 총회장, 안천교회 담임)

교회라는 곳에 첫발을 디뎠을 때의 순간을 기억할 것입니다. 아마도 낯선 분위기에 대한 긴장, 새로운 세계에 대한 기대와 설렘, 걱정이 교차하던 시간이었을 것입니다. 돌아보면 "그때 누군가가 자상하게, 세심하게 배려하며 신앙의 개념들을 이해할 수 있도록 돕는 안내자가 있었다면 얼마나 좋았을까" 하는 생각이 들기도 할 것입니다.

이 책은 바로 이 생각에서 출발하여, 처음으로 교회에 와서, 아주 특별한 경험에 속할 예배의 시간 속에서 새롭게 출발하는 이들이 궁금하거나 필요하다고 느끼는 것들을 개괄적으로 소개하고자 하는 목적에서 기획한 안내서이길 소망하며 집필한 것입니다. 따라서 책의 제목을 '교회에서 보낸 하루'라고 정했습니다. 이는 교회에 첫발을 디딘 이들을 생각하며 이 책을 기획했기 때문입니다.

책을 읽어나가다 보면, 책 내용이 제목과 잘 맞지 않는 것처럼 느껴져서 당혹스러울 수도 있을 것입니다. 기대했던 것과는 많이 다를 수도 있습니다. 또한 처음으로 신앙의 세계에 입문한 이들에게는 다소 어렵게 느껴지는 부분도 있을 것입니다. 이는 교회라는 것이 단순히 어떤 건물 안에 머물면서 하루 동안 본 것이나 특정 교회에서 만나게 되는 모습이 교회의 전부라고는 할 수 없기에, 보편 교회에서 지속적으로 경험하게

11

될 신앙의 내용을 소개하는 것이 더 합당하다고 생각한 데서 오는 차이입니다.

교회라는 새로운 공동체에 첫발을 내디딘 첫날은, 모든 것이 낯설고 어색하고 뭔지 모를 불편함도 느끼게 마련입니다. 하지만 그 첫날, 교회 공동체 안에서 경험한 것은 이후 거의 모든 주일이면 경험하게 될 내용이라는 점을 곧 알게 되실 것입니다. 그리고 그날 첫 예배 때 생소하게 다가왔던 개념이나 모습들 또한 계속 경험하게 될 핵심적인 예배의 내용이자 신앙생활의 면면이 될 것입니다.

이 책의 구성은 다음과 같습니다.

1. 교회란 무엇인가?
2. 일요일, 주일?
3. 예배라는 낯선 자리
4. 두꺼운 책, 너는 누구니?
5. 기도, 만남의 광장
6. 우리는 하나, 사도신경
7. 하나님의 가족으로의 초대

한편, 이 책과 이어지는 다음 책에서는 앞에 소개한 각 항의 내용들을 조금 더 세밀하게 살핌으로써 신앙의 기본 내용을 조금 더 깊이 있게 다룰 예정입니다.

사실 이 책은, 오랫동안 교회 공동체를 섬기면서 '어떻게 하면 교회를 건강하게 세울 수 있을까'를 생각하며 한 목회자가 고민한 흔적입니다. 저는 이 작은 책자를 통하여, 처음으로 교회에 와서 신앙의 여정을 시작한 이들이 조금이라도 빨리 공동체의 고백과 삶에 익숙해질 수 있기를 소망합니다. 그리고 그 걸음을 도우며 공동체의 지체로 세우고자 가르치는 이들에게는 이 책이 유용한 안내서가 되기를 소망합니다.

차례

꼭 기억해야 하는 중요한 것,
교회는 결코 건물이나 조직이 아니라 여러분이 바로
교회라는 사실입니다.

교회란
무엇인가?

혹시 들어오시면서 본 건물 정문에 '○○교회'라고 붙어 있는 팻말을 보셨는지요. 이 팻말을 보시고 무슨 생각을 하셨습니까?

"아, 일반적인 건축물과는 조금 다른 특별한 건축양식으로 지어져 종교적인 목적을 달성하는 건물을 가리켜 교회라고 하는구나!" 하고 생각하지 않으셨나요?

높이 달린 십자가(물론 모든 교회당 건물들이 십자가를 높이 다는 것은 아님)를 보면서 "이것이 교회의 표지구나" 하는 생각도 하셨을 수도 있을 것 같습니다.

그러면 교회라는 말의 정확한 의미는 무엇일까요?

교회라는 팻말이 붙은 건물을 가리켜 교회라고 할까요?

오늘은 교회라는 곳에 도착해서 처음 맞닥뜨리게 될 건물을 통해 '교회'라는 말이 갖는 의미부터 살펴보려고 합니다. '교회'의 의미를 이해하는 것은 매우 중요하고 필요합니다. 왜냐하면 '교회'라는 말의 정확한 이해 여부가 기독교인으로 살아가는 삶의 내용을 결정할 수 있기 때문입니다.

'교회'의 의미

'교회'로 번역된 헬라어는 '에클레시아'($\dot{\epsilon}\kappa\kappa\lambda\eta\sigma i\alpha$)입니다. 헬라어란 기원전 300년에서 기원후 300년까지 헬레니즘 사회가 구축된 후, 헬레니즘 권역에서 일반적으로 널리 쓰인 언어를 일컫는 말입니다. 특별히 이 시기에 일반인들이 주로 사용한 헬라어를 코이네 헬라어라고 부르며, 신약성경은 바로 이 코이네 헬라어로 기록되었습니다.

'교회'로 번역된 헬라어 단어 '에클레시아'($\dot{\epsilon}\kappa\kappa\lambda\eta\sigma i\alpha$)는 "…로부터"를 의미하는 '에크'($\epsilon\kappa$)라는 전치사와 "부르다", "소환하다"라는 의미를 지닌 동사 '칼레오'($\kappa\alpha\lambda\epsilon\omega$)의 합성어입니다. 따라서 에클레시아는 어원적으로 "…로부터 불러내다"라는 의미를 지니고 있습니다. 조금 더 정확하게 말하면 "…밖으로 불러내다"입니다.

다음의 그림을 살펴볼까요.

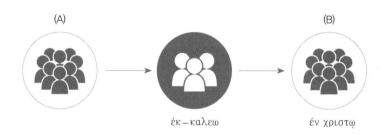

이 그림을 통해 확인할 수 있는 것은 (A)라는 그룹에 속해 있던 사람 중에 어떤 사람을 특별한 목적을 갖고 "밖으로 불러"내어 새로운 공동체 (B)로 옮겨 놓습니다. (A)는 예수 믿기 이전에 속해 있던 세상을 말하며,

⒝는 새로운 공동체 즉 '교회'를 말합니다. 세상은 악한 자가 통치하는 영역입니다. 따라서 앞의 그림은 마귀에게 속하여 영원한 멸망에 처해졌던 세상에서, 멸망 밖으로 불러내어 새로운 공동체, 즉 그리스도 안에 거하게 하심(B, ἐν χριστῷ)을 보여주고 있습니다.

결국 밖으로 부르신 이유는 새로운 공동체 안에 살게 하시려는 것입니다. 그리고 그 새로운 공동체를 우리는 교회라고 부릅니다. 이것이 교회라는 말이 가진 의미입니다. 그래서 존 스토트(John Stott)는 교회를 가리켜 '새로운 사회'(New Society)라고 불렀습니다. 새로운 생명과 새로운 질서에 속한 사람들이 바로 교회라고 생각한 것입니다. 이처럼 교회란 말의 가장 중요한 의미는 하나님의 부르심을 받아 그리스도 안에 거하게 된 사람들(ἐν χριστῷ)을 말합니다. 즉, 교회는 새로운 질서와 새로운 소망을 소유하게 된 자들의 모임입니다.

자, 지금부터 이렇게 생각하십시오.

교회란 "하나님께서 세상에서 불러내셔서 '예수 그리스도' 안에 거하게 하신 새로운 신앙 공동체를 일컫는다"라고요. 교회는 팻말이 붙어있는 건물이나 어떤 조직을 말하는 것이 아닙니다. 하나님의 특별하신 은총을 입어 영원한 하나님 나라의 질서 속에 속하게 된 그 특별한 사람들을 일컫는 말입니다.

그렇다면 여러분들이 처음 발을 디디며 보았던 'ㅇㅇ교회'라고 이름 붙여 놓은 건물은 어떤 의미입니까?

이곳은 "ㅇㅇ교회가 모여있는 예배당입니다"라는 의미입니다. 그리고 각 공동체는 자신들의 소망을 담아, 이 소망을 함께 공유하기를 원하며 그 공동체의 이름을 붙이게 됩니다.

성경에서는 대부분 그 지역의 이름을 따서 교회 이름을 정했습니다. 고린도 교회, 로마 교회, 에베소 교회와 같은 이름들은 그 교회가 속해 있던 지역에 흩어져 있던 성도들을 일컫는 말이고, 혹은 모여 있는 가정의 이름을 따서 부르기도 했습니다(로마서 16:3-5). 중요한 것은, 교회는 부르심을 받은 하나님의 거룩한 공동체를 의미한다는 사실입니다. 모여 있는 사람들이 곧 교회입니다.

교회의 목적

그러면 하나님께서는 왜 이 땅에 교회를 세우셨을까요?

이 질문에 대한 답은 기독교 신앙의 모든 가치를 담고 있는 성경에 대한 폭넓은 이해가 있어야만 할 수 있습니다. 여기서는 지면관계상 간단하게 대답하고 넘어가도록 하겠습니다.

과거 야곱의 자녀들이 애굽에서 종살이를 하고 있었을 때, 하나님께

| 속박과 억압으로부터의 **해방** | 하나님의 백성으로의 **부르심** |
| 영원한 천국의 **유업** | 열방이 하나님의 자녀가 되는 **복** |

서는 모세를 통해 바로의 손에서 이스라엘 백성들을 구해 내셨습니다. 이것을 가리켜 출애굽(Exodus)이라고 부릅니다. 이 출애굽은 몇 가지 목적을 갖고 하나님께서 행하신 놀라운 사건입니다.

그 목적은 첫째, 애굽의 속박과 억압으로부터의 해방이었습니다. 하나님은 자신의 능력으로 그들을 불러내셨습니다(called out, 에클레시아와 같은 의미). 이것은 종으로부터 자유인으로, 속박과 억압으로부터의 해방이었습니다. 마찬가지로 교회로의 부르심은 죄와 사망으로부터 해방되어 위대한 구원을 받았음을 의미합니다.

둘째, 하나님의 백성으로의 부르심입니다. 하나님은 애굽에서 인도하여 내신 이스라엘 백성들을 가리켜 '내 백성'이라고 부르셨습니다. 하나님의 소유된 거룩한 나라가 된 것입니다. 그리스도인으로의 부르심도 마찬가지입니다. 하나님께서는 우리를 그분의 백성으로, 자녀로 부르신 것입니다. 이것이 교회의 아름다움입니다.

셋째, 영원한 유업을 주려 하심입니다. 이스라엘 백성들은 장래의 유업을 얻도록 부름을 받았는데, 그들에게 유업이란 약속의 땅 가나안이었습니다. 그리스도인에게 장래의 유업은 영원한 천국입니다. 하나님께서는 그 영원한 나라를 마련하시고, 교회로 부르신 그들을 초청하십니다.

넷째, 그들로 인하여 열방이 복을 받게 하시려는 것입니다. 하나님께서는 그들을 통하여 장차 세상이 구원을 받게 하시려는 그 위대한 계획을 실행할 하나님의 도구로 이스라엘을 택하셨습니다. 그들은 하나님의 소유가 된 특별한 백성이 되기 위하여 부름을 받았을 뿐만 아니라, 또한 세상을 구원할 도구로 택하심을 받았습니다. 우리를 교회로 부르신 이유도 이와 같습니다. 우리를 자녀 삼으시고, 우리를 통해 더 많은 사람이 하나님의 자녀가 되어 하나님의 영원한 나라의 백성이 되게 하시려는 것이 우리를 교회로 부르신 목적입니다. 이것이 교회, 즉 에클레시아라는 말속에 담겨 있는 심오하고 오묘한 의미입니다.

교회의 사명

그러면 이 영광스러운 교회로 우리를 부르신 우리의 사명이 무엇일까요? 교회는 다음과 같이 다섯 가지를 교회 된 우리의 사명으로 고백합니다.

첫째, 하나님께 예배하는 것입니다. 이것은 교회가 해야 할 가장 중요

예배

친교

봉사

교회의
사명

교육

가움

하고, 보람되고, 아름다운 것입니다. 하나님은 하나님의 백성들이 함께 모여 있는 것을 가장 기뻐하십니다. 가족이 모일 때, 부모님을 사랑하는 자녀들이 다 함께 모여 부모님의 은혜에 감사하는 모습을 상상해 보십시오. 예배는 바로 하나님의 가족들이 함께 모여 하나님께 감사하며, 서로 교제하며, 하나님의 거룩한 뜻을 가슴에 담는 시간입니다. 따라서 부름을 받은 교회 공동체는 열심히 예배하는 삶을 살아야 합니다.

둘째, 교육입니다. 교육은 하나님의 백성답게 사는 것이 어떤 것인가를 가르치고, 열심히 배우는 것을 말합니다. 교회는 하나님의 자녀다운 삶의 태도와 가치관과 언어와 습관을 소유해야 합니다. 그래야 하나님께서 그 자녀를 기뻐하시며 영광을 받으시기 때문입니다. 따라서 교회는 하나님의 뜻을 배워 하나님의 자녀다움으로 성장해 갈 수 있도록 교육하는 일에 힘써야 합니다.

셋째, 전도입니다. 전도는 아름다운 초청입니다. 하나님의 자녀가 되는 방법을 알려줌으로 세상이 가장 큰 복을 받게 하는 것, 이것이 바로 전도입니다. 전도는 생명을 전하는 것입니다.

헛된 것을 추구하며, 생명이 없는 길로 가는 사람들에게 생명의 길을 알려주는 것이 바로 전도입니다. 유일한 생명의 길은 바로 예수 그리스도임을 우리가 알았기에 사람들에게 이를 알려주는 것입니다. 따라서 전도는 누군가를 사랑하는 가장 아름다운 사랑의 행위입니다.

넷째, 봉사입니다. 봉사는 다른 지체들을 섬기는 것을 말합니다. 예수님은 우리를 섬기시기 위해 인간이 되셨고, 우리를 사랑하셔서 십자가를 지셨고, 우리를 영원한 생명의 나라로 인도하시고자 다시 오실 것입니다. 바로 이 예수님을 닮은 삶을 사는 것이 봉사입니다. 즉 예수님처럼 사는 것입니다. 이처럼 봉사는 예수님처럼, 예수님께서 우리에게 보여주신 모범적인 삶을 서로에게 실천하는 것을 말합니다.

다섯째, 친교입니다. 친교는 교회 공동체의 사귐입니다. '코이노니아'(κοινωνία)라고도 합니다. 이 땅에 세워진 최초의 교회였던 초대교회는 코이노니아 공동체였습니다. 그들은 함께 모여 기도하고, 찬송하고, 말씀을 배우고, 또 구제하고, 떡을 떼며 아름다운 공동체를 이루어 갔습니다. 이와 같이 교회는 세상에서 지치고 상한 영혼들이 이 공동체 안에서 함께 교제함을 통해 풍성한 쉼과 안식, 위로를 경험하게 하는 아름다운 숲과 같은 공동체가 되어야 합니다.

지금까지 교회에 대해 살펴보았습니다. 교회는 이 세상에 하나님께서 세우신 가장 아름다운 모임 중 하나입니다. 꼭 기억해야 하는 중요한 것은 교회는 결코 건물이나 조직이 아니라 바로 여러분이 교회라는 사실입니다. 앞으로 함께 부름 받은 이 아름다운 공동체 안에서 함께 예배하고, 말씀을 배우고, 생명의 도를 전하고, 세상을 섬기는 봉사자의 삶을 살고, 공동체의 아름다운 교제 가운데서 장차 누릴 천국의 영광과 아름다움을 미리 경험할 수 있기를 기대합니다.

일요일,
주일?

모두가 잠에 취해 있거나, 아니면 특별한 장소로 여행을 떠나 휴식을 취하기도 하는 일요일! 그런데 이날, 평소보다 더 일찍부터, 또한 매우 분주하게 움직이는 사람들이 있습니다. 평소보다 옷차림도 더 신경 쓰고, 자녀들까지 함께 손을 잡고 한곳에 모입니다.

한주는 그럴 수 있다고 해도 이들은 매주, 거의 같은 모습으로 이런 삶의 패턴을 되풀이합니다. 마치 사명감으로 이날을 지키는 것처럼 보입니다. 이들은 모두 한 마음으로 마치 가장 중요한 곳을 방문하듯이 한곳으로 향합니다.

바로 이것이 그리스도인들이 한 주의 첫날, 즉 일요일을 시작하는 모습입니다. 그리고 특이하게도 이들은 이날을 일요일이 아닌 주일이라고 부릅니다. 왜 이들은 모두가 쉬기를 원하는 날, 이리도 분주하게 하루를 보내는 것이고, 특별히 이날을 주일이라고 부르는 것일까요?

'주일' 개념에 대해 오해가 많기에, 기독교인들의 특별한 날, 주일에 관해 살펴보겠습니다.

주일의 뜻

주일은 '주의 날'(the Lord's day)이라는 뜻입니다. 이 말은 '주님(the Lord)께 속한 날'이라는 의미입니다. 기독교인들은 흔히 '일요일'이라고 부르는 날을 '주일'이라고 부릅니다. '주일'이라고 할 때, 여기서 '주'는 기독교인들이 믿고 따르는 주님이신 예수님을 말합니다. 그리고 '주일'은 "The Lord's Day"라고 소유격을 사용해서 "예수님께 속한 날"이라는 의미를 담고 있습니다. 즉 이날의 주인공은 바로 예수님이심을 고백하는 것입니다.

그러면 왜 기독교인들은 일요일을 주일이라고 부르게 되었고, 또 이날 함께 모이게 된 것일까요?

이 부분을 이해하려면 기독교의 모든 원리를 담고 있는 책인 성경의 도움을 받아야 합니다. 지금부터 왜 기독교인들은 일요일을 주일이라고 부르게 되었고, 이날에 모이게 되었는가를 설명하겠습니다.

기독교인들은 처음부터 주일을 지킨 것일까요?

아닙니다. 기독교인들이 처음부터 일요일을 주일로 삼고 지킨 것은 아닙니다. 기독교인들이라는 말은 "예수를 주님으로 믿는 사람들"이라는 의미입니다. 즉 예수님이 이 땅에 오셔서 십자가에 못 박혀 죽으시고 부활하심으로 세상을 구원하신 사실을 믿는 믿음을 가진 사람들을 일컫는 말입니다. 따라서 기독교인이라는 말은 예수님이 이 땅에 오신 이후에 등장한 말입니다. 그리고 주일은 바로 그 예수님과 관련된 말입니다.

그러면 예수님이 오시기 전에도 특별한 날이 있었는가요? 있었다면 그날은 어떤 날이었나요?

예수님 오시기 이전에 하나님을 믿는 사람들이 지켰던 날, 안식일

기독교 신앙의 모든 원리를 담고 있는 하나님의 계시인 성경은 그 내용이 예수님 오시기 전과 후로 크게 나누어집니다. 예수님 오시기 전에 기록된 것을 '구약성경'(The Old Testament)이라고 부르며, 예수님 오신 이후의 기록을 '신약성경'(The New Testament)이라고 부릅니다.

구약성경은 이렇게 시작됩니다.

"태초에 하나님이 천지를 창조하시니라"(창세기 1:1).

이러한 대 선언에 이어 이어지는 본문은 그 창조가 어떻게 진행되었는가를 설명합니다. 그리고 창세기에 기록된 천지창조의 마지막 부분은 다음과 같이 마무리됩니다.

"하나님이 그가 하시던 일을 일곱째 날에 마치시니 그가 하시던 모든 일을 그치고 일곱째 날에 안식하시니라"(창세기 2:2).

또한 하나님께서는 "하나님이 그 일곱째 날을 복되게 하사 거룩하게 하셨다"(창세기 2:3)고 기록하고 있습니다. 그러니까 하나님께서는 6일 동안 천지를 창조하시고, 칠일째 되는 날은 쉬셨는데, 이날을 후에 안식일로 지키게 됩니다. 하나님께서는 천지를 창조하시는 일을 마치신 후 안식하셨습니다.

구약에서 우리가 가장 먼저 접할 수 있는 안식의 이야기는 창조 사건 후의 하나님의 안식으로 시작됩니다. 따라서 천지창조 기사에서 하나님의 안식은 하나님께서 천지를 창조하시는 사역의 완결을 선포하는 역할을 하며, 이날을 거룩하게 하셨다는 것은 특별히 이날이 하나님께 속했음을 선언하신 것입니다. 또한 안식하셨다는 말을 통해 이 땅의 진정한 안식의 기원 역시 하나님께 속해 있음을 보여줍니다.

그리고 에덴동산은 하나님과 더불어 영원한 안식을 누릴 장소로 인간에게 주어졌습니다. 그 동산 안에서 인간은 하나님과 더불어 진정한 안식을 누리며 살도록 계획되었습니다. 그리고 이 안식은 단순히 하루만 주어지는 안식이 아니라, 영원하신 하나님께서 친히 지으신 인간과 함께 영원히 누리기를 원하셨던 안식입니다. 즉 창조 사건에서 안식이라는 개념은 단순히 일주일 중에 하루만 경험하는 시간적 제한의 안식이 아니라, 인간이 하나님과 더불어 누리는 영원한 안식을 의미합니다.

이러한 사실은 다음과 같은 창조 기사의 구조를 통해 알 수 있습니다. 창세기 1장 1절부터 2장 3절에는 하나님께서 천지를 창조하신 모든 내용이 기록되어 있습니다. 그런데, 천지창조가 진행되던 엿새 동안의 창조 기사에는 마치 후렴처럼 같은 말씀이 계속 반복되어 있음을 발견할 수 있습니다.

"저녁이 되고 아침이 되니"(창세기 1:5, 8, 13, 19, 23, 31).

성경은 "저녁이 되고 아침이 되니"라고 하는 구절을 통해 엿새를 정확하게 구분 짓고 있습니다. 저녁이 되고 아침이 되므로 하루가 지난 것으로 말씀하고 있는 것입니다. 그런데 마지막 제 칠일에는 이러한 구절이 없습니다. 이것은 안식의 개념을 이해하는 데 매우 중요합니다. 쉽게 설명하자면 제 칠일은 '저녁이 되고 아침이 되니'라는 말씀이 없기 때문에 일정한 시간으로 규정지어지는 하루로 제한되지 않고, 육일 이후 계속될 것을 암시합니다. 육일이 지나고 제 칠일이 되었으나, 제 팔일은 찾아오지 않은 것입니다.

이 말은 해가 뜨고 달이 뜨고 하는 방식으로 진행되는 세상의 질서가 유지되지 않고 모든 것이 정지된 체, 머물러 있다는 의미가 아닙니다. 하나님께서 첫째 날부터 여섯째 날까지 천지를 창조하시는 일을 하시고, 일곱째 되는 날은 쉬시고, 다시 팔일째 되는 날부터 십삼일 되는 날까지 일하시고, 십사일째 되는 날은 쉬시고… 이런 패턴이 계속되지 않음을 말합니다.

천지를 창조하는 일을 마치신 이후, 하나님께서 인간과 더불어 누리시는 안식은 계속됨을 말합니다. 즉 제 칠일은 천지창조의 엿새가 지난 후부터 계속해서 지속되는 개념임을 말씀하는 것입니다. 만일 아담과 하와가 범죄하지 않고 에덴동산에서 쫓겨나지 않았다면 참된 안식일인 제 칠일은 영원히 지속되었을 것입니다. 그런데 인간의 범죄 이후 하나님께서는 제 칠일을 안식일로 정하여 지키라고 명령하셨습니다. 제 칠일이 특별한 날로 지정되어 안식일을 지킬 것을 명령하신 것입니다.

다음 두 구절은 성경에 나타난 안식일의 기원과 의의를 설명하는 대표적인 구절들입니다.

"안식일을 기억하여 거룩하게 지키라 엿새 동안은 힘써 네 모든 일을 행할 것이나 일곱째 날은 네 하나님 여호와의 안식일인즉 너나 네 아들이나 네 딸이나 네 남종이나 네 여종이나 네 가축이나 네 문안에 머무는 객이라도 아무 일도 하지 말라"(출애굽기 20:8-10).

"네 하나님 여호와가 네게 명령한 대로 안식일을 지켜 거룩하게 하라…너는 기억하라 네가 애굽 땅에서 종이 되었더니 네 하나님 여호와가 강한 손과 편 팔로 거기서 너를 인도하여 내었나니 그러므로 네 하나님 여호와가 네게 명령하여 안식일을 지키라 하느니라"(신명기 5:12, 15).

이 두 구절은 안식일을 지키라는 동일한 명령이지만, 그 이유를 설명함에는 차이가 있습니다. 출애굽기 20장에서는 그 기원을 천지창조에서 찾고 있습니다. 엿새 동안 일하시고 일곱째 되는 날 쉬신 하나님의 모범을 따라 그날을 지킬 것을 명령합니다.

반면 신명기에서는 안식일을 지키라는 명령을 창조 사건이 아닌, 애굽에서 이스라엘 백성들을 구원하신 사건에서 그 이유를 찾고 있습니다. 즉 애굽에서의 구원사건과 안식일을 연결하고 있습니다.

이 내용은 앞으로 성경에 나타난 안식의 개념을 이해하는 데 매우 중요합니다. 이 땅에서의 안식의 기원은 천지창조와 연관이 있지만, 그 진정한 의미에서의 안식은 구원사건과 더불어 온전히 성취될 것을 말씀하

천지창조 후 일곱째날 쉬신 하나님의 모범을 따라

안식일을 지키라

예수님 안에서 누릴 수 있는 거룩한 안식을 바라며

고 있기 때문입니다.

그러면 이러한 안식일 의미의 변화가 왜 생긴 걸까요?

인간이 이 안식을 잃어버리는 사건이 발생했기 때문입니다. 바로 인간의 범죄입니다. 인간은 죄를 지음으로 인하여 영원한 안식이 있는 에덴동산에서 추방되었고, 그곳에서 하나님과 더불어 누렸던 진정한 안식을 상실하게 되었습니다. 인간에게 주어지는 진정한 안식은 창조의 섭리때부터 하나님과 함께함으로 누리는 안식이었기 때문입니다.

인간의 범죄는 참된 안식을 상실하게 만든 원인입니다. 그리고 죄를지은 이후 인간은 진정한 안식을 경험하는 삶으로부터 떠나게 됩니다. 그런데 성경은 그럼에도 불구하고 계속된 하나님의 관심과 사랑을 전합니다. 하나님께서는 다시 인간들에게 진정한 안식을 주실 계획을 세우셨습니다. 비록 인간의 범죄로 인하여 이 안식이 깨졌으나, 장차 영원한 안식을 주실 것을 다시 약속하신 것입니다.

따라서 안식일을 지키라고 명령하신 것은 인간이 죄를 지음으로 이 땅에서 진정한 안식을 잃어버렸지만, 그럼에도 불구하고 인간에게 영원한 안식을 주시려는 하나님의 소원은 여전히 계속되고 있음을 보여주는 하나님의 특별한 섭리였습니다. 이처럼 구약시대의 안식일은 칠일째 되는 날 하루를 쉬는 것을 통해 창조주 되시는 하나님의 아름다움과 애굽의 속박에서 구원하심에 대한 감사를 동시에 표현하게 되었습니다.

따라서 구약의 이스라엘 백성들은 이 땅에서 안식일을 지키며 창조주 하나님의 소원을 기억하고, 다시금 영원한 안식이 주어질 때를 사모하면서 기다렸습니다. 그것은 이 땅에 구원자를 보내심으로 그 은혜 앞으로 인도하실 구원의 사건을 통해 임할 것입니다. 주일에 대한 기대가 이미 최초의 안식일을 지키라는 명령 안에 내포되어 있음을 볼 수 있습니다.

진정한 안식, 구원 그리고 주일

앞서 살핀 것처럼 구약의 성도들은 하나님께서 약속하신 바, 장차 주어질 영원한 안식을 기대하며 일곱째 되는 날을 안식일로 지켰습니다. 그리고 마침내 영원한 안식을 주시기 위한 하나님의 그 위대한 사건이 이 땅에 도래했습니다. 바로 예수 그리스도께서 진정한 구원자로 이 땅에 오신 것입니다.

예수님은 이 땅에 인간의 몸을 입고 오셔서 십자가에 못 박혀 돌아가시고, 죽음에서 부활하심으로, 인간의 죄가 용서받을 수 있는 길을 내셨고, 인간이 하나님 앞에 설 방법을 허락하셨고, 영원한 생명으로 인도받을 수 있는 진리를 허락하셨습니다. 그리고 이를 믿고 영원한 생명을 얻는 자마다 하나님과 더불어 영원한 안식을 누리게 되었습니다.

사도 바울은 이렇게 하나님의 은혜에 참여한 자들을 가리켜 '새로운 피조물'이라고 불렀습니다. 영어로 'New Creation', 즉 '새로운 창조물'이라는 의미입니다. 이 말은 새로운 창조가 이 땅에 발생한 것을 전제하는 개념입니다.

그러면 이 땅에 언제 어떻게 새로운 창조 사건이 발생했나요?

성경은 예수님께서 친히 인간의 몸을 입고 이 땅에 오셔서 우리를 구원하신 사건을 가리켜 '재창조'라고 부릅니다. 우리를 새롭게 창조하신 새 창조가 임한 것입니다. 그리고 그리스도 안에서 새로운 창조에 참여한 사람을 가리켜 새로운 피조물이라고 부릅니다. 그리고 그 결과로 영원한 생명과 안식에 참여하게 됩니다. 이 모든 진리를 고백하며 지키는 날이 바로 주일입니다.

주일은 주님께서 십자가에서 죽으셨다가 사흘 만에 부활하신 날이며, 또한 부활의 주님이 제자들에게 나타나신 날이기도 합니다. 또한 이날은 주님께서 성령을 약속하신 날이며 성령을 보내신 날이기도 합니다. 초기 기독교 공동체는 이날에 정기적으로 모여 빵을 나누었습니다.

사도들의 전승에 의하면, 주일은 예수님의 부활에 그 기원을 두며, 교회는 매 칠일 부활의 신비를 기념하여 이날에 모였고, 이날을 주일, 주의 날이라고 불렀습니다. 이날에 기독교인들은 한 장소에 모여 하나님의 말씀을 들었으며, 성만찬에 참여함으로 그리스도의 고난을 기억하고, 더불어 부활의 소망을 새롭게 확인하고, 서로 떡을 떼며 교제함으로 하나님께 영광을 돌리고, 감사했습니다.

신기한 것은 누군가가 이날을 기념하여서 모이라고 명하거나, 정한 것도 아닌데 기독교인들은 자연스럽게 이날을 거룩한 날로 선포하고 모여 위대하신 하나님을 송축했다는 것입니다. 그러므로 주일은 바로 주님이 정하신 날입니다. 주의 날은 그리스도인들에게는 진정한 축제의 날이며, 진정한 기쁨과 감사의 날이고, 진정한 신앙의 교훈과 거룩한 삶을 연습하는 시간이었습니다.

베드로는 베드로전서 1장 3절에서 "우리 주 예수 그리스도의 아버지 하나님을 찬송하리로다 그의 많으신 긍휼대로 예수 그리스도를 죽은 자 가운데서 부활하게 하심으로 말미암아 우리를 거듭나게 하사 산 소망이 있게 하시며"라고 고백합니다. 따라서 주일은 인간의 범죄로 인하여 잃어버렸던 진정한 안식이 회복된 것을 기념하여 이 구원과 안식에 참여한 사람들이 모여 기쁨을 나누는 날입니다.

저스틴(Justin Martyr)은 주일(Sunday)에 대해, "일요일이라 불리는 날에 도시나 시골에 사는 모든 사람이 한자리에 모이며 사도들의 회고록(복음서)과 예언자들의 글들을 읽으며…그들이 주일에 한 장소에 모이는 이유는 그날이 첫날이요, 그날은 하나님께서 주 예수 그리스도를 죽음으로부터 부활하게 하심으로 어두움과 사망의 문제를 빛과 생명으로 바꾸시고 세상을 재창조하셨기 때문이다. 따라서 그리스도인들은 그리스도의 부활을 기념하여 정기적으로 부활하신 주님의 현존 앞에 나아와야 한다"고 말하고 있습니다.

칼빈(Calvin)은 "신약시대 후 신자들은 일주일 중의 첫날을 안식일이란 말을 쓰지 않고 유대인의 일곱째 날이란 말을 썼고, 성일을 주일로 부른 것은 예수님을 높이고, 이날을 모든 날 중에 머리되는 날이요, 날 중에 면류관과 같은 날로 믿었기 때문이다. 이날은 또한 태초에 천지창조 시 첫날에 빛을 창조하였고(창세기 1:3), 또 '의로운 태양이 떠올라서 치료하는 광선'(말라기 4:2)에서 이날을 '일요일'이라 불렀고, 또 주님이 승리하신 날이므로 주님의 날, 또는 주일이라 불러왔던 것이다. 일요일이란 이방인 풍습에도 있는 것이므로 믿는 사람들은 일요일보다 주일이라 부르는 것이 더욱 성서적이요, 신앙적인 것이다"라고 주일이라는 말의 사용 이유에 대해 말하고 있습니다.

그러면 어떻게 주일을 지켜야 할까요?

교회가 이 땅에 세워진 후, 예수를 믿게 된 최초의 신자들을 가리켜 초대교회라고 부릅니다. 그들이 이 주일을 어떻게 지켰는가를 살피는가, 오늘 우리가 어떻게 주일을 지켜야 하는가에 대한 귀한 안내자 역할을 합니다.

첫째, 초대교회는 이날을 하나님께 예배하는 날로 삼았습니다.

예배는 홀로 영광을 받으실 분은 하나님뿐이심에 대한 인정이며, 또한 이 땅에 오셔서 우리를 위해 죽으시고, 부활하신 예수님이 이날의 주인이심과 동시에 우리 삶의 주인이심을 고백하는 것입니다.

둘째, 초대교회는 이날을 말씀을 듣고, 배우는 기회로 삼았습니다.

말씀을 듣고 배우는 것은 하나님의 뜻을 알고 이를 행하고자 하는 열망입니다. 초대교회는 이 열망이 가득했습니다. 이처럼 오늘을 살아가는 성도들도 주일을 하나님의 말씀을 듣고 배우는 시간으로 삼아 하나님의 뜻을 분별하고, 우리의 삶의 지표와 내용을 채우는 시간으로 삼아야 합니다.

셋째, 초대교회는 이날을 성도들 교제의 기회로 삼았습니다.

그들은 함께 모여 준비된 떡을 나누고, 성찬을 행하면서 위로는 하나님과의 은혜를 기억함과 또한 이 땅에서 함께 부름받은 성도들의 긴밀한 교제를 위한 날로 삼았습니다. 이와 같이 교회는 주일을 구원받은 백성들이 함께 모여 교제함으로써 이 땅에서 천국을 미리 경험하는 날로 삼아야 합니다.

넷째, 초대교회는 이날을 구제하는 일과 선행을 힘썼습니다.

교회는 함께 부름받은 한 몸의 지체들입니다. 따라서 어려운 가운데 있는 성도들을 살피고, 심방하는 것은 지체들을 향한 아름다운 헌신입니다. 초대교회는 어려움에 처한 이들을 구제하고, 살피는 일에 힘썼습니다. 현대 교회도 이웃을 구제하고 살피고 심방하는 일에 힘씀으로 빛과 소금의 역할을 감당해야 합니다.

1566년에 완성된 『스위스 개혁교회 신앙고백』에서는 주일 성수에 대하여 "신앙이 시간과 관련되어 있지는 않다고 하더라도 신앙생활을 해나가는 데 있어서 시간을 적정하게 구별하여 드리는 훈련을 하지 않는다면 그 개인의 신앙은 성장하지도, 단련되지도 않을 것이다. 이 점을 고려하여 주일이 사도 시대 이후로 쭉 지켜져 왔기 때문에 그날에 신앙훈련을 쌓았고 경건한 마음으로 휴식을 취하였던 것이다. 바로 이것이 오늘날 우리 현대교회가 주일을 지키는 이유이다"라고 말하고 있습니다.

장로교회에서 표준 신앙고백서로 활용하는 『웨스트민스터 신앙고백』은 주일과 관련하여 다음과 같이 말하고 있습니다.

"일반적인 자연의 법칙에서와 같이 하나님을 예배하기 위하여 일정한 시간을 구별해 놓아야 한다. 하나님은 그의 말씀을 통하여 적극적, 도덕적, 항구적인 명령으로써 모든 시대의 모든 사람에게 의무를 부과하여 특히 칠일 중에 하루를 안식일로 지정하셔서 하나님께 거룩한 날로 지키게 하셨다. 이날은 창세로부터 그리스도의 부활까지는 주간의 마지막 날이었으나, 그리스도의 부활 이후는 첫날로 변경되었는데, 성경에서는 이날을 주일이라고 부른다. 이날은 세상 끝날까지 기독교의 안식일로 계속되어야 할 것이다"(웨스트민스터신앙고백 21장 7조).

하나님께서 안식일을 허락하신 것은 전적으로 영화로운 존재로 지으신 인간을 위한 섭리였습니다. 그 영원한 하나님의 안식으로의 초대이며, 함께 교제하기를 원하시는, 실로 형언할 수 없는 영광스러움으로의 초대였습니다. 마찬가지로 우리가 주일을 거룩한 날로 삼아 지키는 것은 이 영광스러운 사건에 참여하였음을 선포하는 것이며, 장차 우리가 경험할 영원한 안식을 이 땅에서 미리 맛보고 있음에 관한 확인입니다.

또한 주일을 거룩한 날로 구별하여 지키는 것은, 창조 사건에서 하나님이 창조하신 만물 안에서 함께 제 칠일 안식일이 지속되는 것이 하나님의 뜻이었던 것처럼, 주님으로부터 주어진 제 팔일 안식일에 참여함으로 이 영원한 안식을 누리게 하시려는 것이 주일을 주신 특별한 이유입니다. 그러므로 주일을 하나님 앞에서 예배하며, 성도들 간의 아름다운 교제와 이웃을 섬기고 봉사하는 기회로 삼아 거룩하게 지킴으로 하나님과 깊은 교제를 나누고, 이를 통해 우리에게 주어진 남은 날들도 지속되는 주일로 살아가는 것입니다. 하나님의 뜻과 기대는 하루가 아닌 우리의 전 삶이 하나님과 동행하는 교제의 자리이며, 주시는 은혜를 누리는 진정한 안식의 자리가 되기를 원하시기 때문입니다. 그러니 이제 주일을 성심껏 성수하심으로 이 복된 은혜를 날마다 누리며 살아가기를 바랍니다.

예배는 하나님께서 우리에게 행하신 일에 대한 감사와
지금도 행하고 계심에 대한 확신과 앞으로도 행하실 것들에 대한
소망이 어우러지는 과거와 현재와 미래가 함께 가는 가슴 벅찬 시간입니다.

예배라는
낯선 자리

반가운 얼굴들, 신나는 인사, 흥겨운 웃음소리…. 일반
적인 주일의 풍경입니다. 사람들이 예배당으로 모이는 시간은 일반 사회
에서는 휴일인지라 모처럼 늦잠을 청한 사람들은 곤히 잠들어 있는 시
간일 수도 있고, 누군가에게는 밀린 일을 하느라 분주한 시간일 수도 있
으며, 또 누군가는 취미활동으로 매우 분주히 움직이는 시간일 수도 있
습니다.

　　그런데 기독교인들은 왜 이날 같은 시간에, 그것도 어쩌다 한 번이 아
닌 주일마다 신성한 의식을 치르듯 모여드는 것일까요?

　　바로 예배하기 위함입니다. 예배하기 위해 그들은 육체의 피로도 잊
고, 해야 할 일도 미룬 채, 즐겁고 기꺼운 마음으로 이 시간에 최우선 순
위를 두고 모이는 것입니다. 그리고 교회라는 공동체에 첫발을 디딘 후
가장 먼저 경험하게 되는 것 역시 예배의 자리입니다. 교회에서 가장 많
이 듣게 되는 말 중의 하나가 '예배'라는 말입니다. 또한 앞서 살핀 교회
의 사명 중에 가장 중요한 사명이 예배이기도 합니다.

　　그러면 도대체 예배가 무엇일까요?

예배가 무엇이고, 어떻게 예배해야 하는가에 대해 알아보도록 하겠습니다.

예배의 어원적 의미

예배에 대해 성경에 사용된 용어들을 살피는 것은 예배에 대한 정의를 스스로 내릴 수 있는 근거를 제공해 주며, 또한 그 의미를 이해하는 데 도움이 됩니다.

성경 중, 구약성경은 주로 고대 히브리어로 기록되었고, 신약성경은 고대 헬라어로 기록되었습니다. 따라서 먼저 성경을 기록하는 데 사용된 언어에서 예배를 일컬을 때 어떤 단어들이 사용되었는가를 살피도록 하겠습니다.

히브리어로 기록된 구약성경에서 '예배'에 사용된 단어 중 먼저 "아바드"(ABAD)라는 단어가 있습니다. 이 단어의 뜻은 "하다", "만들다", "숭배하다", "복종하다"인데, 본래 노예나 고용된 종들을 의미했습니다. 그런데 이 말이 하나님을 섬기는 데 사용되면서, 제물을 드리는 행위와 레위인이 하는 회막에서의 봉사를 의미하는 말로 사용되었습니다(이사야 19:21; 예레미야 44:3).

두 번째 용어는 '샤하아'(SAHA-A)입니다. "굴복하는 것", "엎드리는 것", "경배하다"라는 뜻으로서 숭배, 순종, 봉사의 종교적인 개념을 가지고 있습니다. 이 개념은 예배하는 사람들이 몸과 마음으로 최대한으로 존경을 표하는 것을 의미합니다.

헬라어로 기록된 신약성경에서는 예배라는 표현이 크게 세 가지로 나타납니다. 그 첫 번째는 '프로스퀴네오'(προσκυνεω)입니다. 이 단어의 문자적인 뜻은 "절하다", "엎드리다", "입맞추다"라는 뜻으로, 예배드리는 자의 자세를 말하고 있습니다.

두 번째는 '라트레이아'(λατρεια)입니다. 이 단어는 "보상을 위한 봉사", "신들을 섬김"이라는 뜻을 가지고 있습니다. 이 말의 의미는 종으로 상전만을 섬겨야 할 신분을 나타내는 말입니다. 그래서 이 말이 영어로는 service 또는 worship으로 번역되었습니다.

그리고 세 번째 단어는 '레이투르기아'(λειτουργια)입니다. 이 말은 노동(ergon)과 백성(laos)이라는 단어의 합성어로 "섬김" 혹은 "봉사"의 뜻을 가지고 있으며, 예배의식(Liturgy)이란 말이 여기서 유래했습니다. 본래 이 단어는 고대 그리스에서 시(市)나 국가의 전체 이익을 위하여 시행하는 공익사업을 뜻하는 단어였습니다. 신약성경은 이 말을 예배와 관련하여 그리스도인들이 믿음과 순종으로 하나님께 바치는 봉사를 나타내는 의미로 사용하였습니다.

영어는 "Worship"이라는 단어를 예배와 관련하여 주로 사용합니다. 물론 Service를 사용하기도 하지만 예배의 의미를 조금 더 잘 나타내는 말은 Worship입니다. 이 말은 "가치"(worth)라는 말과 "신분"(ship)이라는 두 단어의 합성어입니다. 그러므로 이 말은 상대방에 대해 존경을 표시하고, 가치와 존중을 올린다는 뜻입니다. 즉 예배란 "최고의 존재이신 하나님께, 그분께 걸맞은 최상의 가치를 돌리는 것"이라고 표현할 수 있습니다.

이와 같은 것들이 한글 성경에서 "예배"(禮拜)라는 말로 번역된 용어들입니다. 한글로 "예배"(禮拜)란 "엎드려 절하다"라는 뜻인데, 이 말은 신을 숭앙하고 숭배하면서 겸손히 그 대상을 경배하는 행위 및 그 양식을 지칭할 때 쓰입니다.

지금까지 살핀 예배에 사용된 용어들을 종합해 보면 두 가지 중요한 사실을 발견하게 됩니다. 하나는 예배의 대상에 대한 부분이며, 다른 하나는 예배자에 대한 부분입니다. 우리의 예배의 대상은 그 존엄과 존귀와 가치에 있어 그 어느 것과도 비교할 수 없는 위대하신 하나님이십니다. 하나님께서는 이 세상에 존재하는 모든 것을 창조하심으로 모든 만물의 주인이실 뿐만 아니라, 죄로 인하여 영원히 죽었던 우리를 살리시고자 친히 인간의 몸을 입고 오셔서 십자가에 자신을 내어주심으로 죄와 사망으로부터 우리를 구원하셨습니다. 그리고 그 은혜가 우리의 은혜가 되도록 우리 각자에게 적용하심으로 오늘 여기까지 인도하신 분입니다. 그리고 이러한 사실이 예배자의 태도를 결정합니다. 바로 이 사실을 알기에 하나님께 최상의 가치를 돌리면서, 그 사랑과 은혜에 응답하는 것이 바로 예배입니다.

그런데 놀라운 것은 성경은 오직 인간만이 예배에 참여하는 것이 아니라 사실 세상 모든 만물이 그분께 경배와 찬양을 드린다고 말씀하고 있습니다. 세상 모든 만물을 지으신 이가 하나님이시며, 장차 영원한 구속에 모든 만물이 참여할 것을 알기 때문입니다. 이렇듯 예배는 온 우주적인 사건입니다.

하나님께서는 예배 가운데서 우리를 만나주시고, 예배의 자리에서 우리에게 은혜를 주사 새롭게 변화시켜 주시며, 또한 예배를 통해 친히 우리에게 말씀하십니다. 그러므로 진정한 예배의 현장에서는 하나님과의 만남이 이루어지고, 그 만남 속에서 진정한 감사와 감격을 경험하게 되며, 그 결과 우리는 전보다 더 하나님과 이웃을 사랑하게 되며, 더 기뻐하는 삶을 살게 됩니다. 결국 예배는 은총과 응답이 만나는 자리이며, 하늘과 땅이 이 땅에서 어우러지는 신비하고 놀라운 순간입니다.

바른 예배를 위한 전제들

그러면 어떻게 우리는 바른 예배에 참여할 수 있을까요? 바른 예배를 위해서는 다음과 같은 것들에 대한 분명한 이해와 고백을 통한 전제가 있어야 합니다.

첫째, 예배의 대상에 대한 정확한 이해가 있어야 합니다. 하나님은 인간을 포함한 모든 우주 만물의 '창조주'이실 뿐만 아니라, 예수 그리스도를 통해 죄인을 구원하시는 '구원자'이심에 대한 분명한 고백이 우리를 바른 예배자로 서게 합니다.

둘째, 예배는 인간에게 베푸시는 하나님의 은총과 이에 대한 인간의 응답이 어우러지는 수직적, 수평적 관계가 만나는 지점입니다. 즉 예배의 현장은 계시와 응답이 만나는 장소입니다. 하나님께서는 인간에게 은혜를 베푸시고, 인간은 그 은혜의 보좌 앞에 감사함으로 나아가 가장 감격적인 만남이 이루어지는 자리가 바로 예배 자리입니다.

그래서 버어카트(Burkhart)는 "예배란 하나님께서 우리를 위하여 하셨고, 하고 계시며, 또 앞으로 하실 것에 대한 축제적 응답이다"라고 참으로 멋진 말로 예배를 설명했습니다.

셋째, 예배는 신실한 신앙인이 하나님의 영화로우신 존엄성을 인식하고, 살아계신 하나님 앞에 자신을 굽혀 엎드리는 것입니다. 이때 비로소 인간은 하나님을 진실로 찬양하며 경외와 감사와 존귀를 드릴 수 있게 됩니다. 예배야말로 삼위일체(Trinity) 되시는 하나님의 임재를 가장 강력하게 느끼는 시간입니다.

넷째, 예배는 예수 그리스도께서 보여주신 대로 순종하는 종의 자세로 자신을 하나님께 헌신하는 것입니다. 그리고 이 헌신은 단순히 예배 자리에서 뿐만이 아니라 삶의 현장에까지 연결될 때 우리는 비로소 진정한 예배자로 살게 됩니다.

다섯째, 예배자들이 예배를 역동적으로 인도해 가시고 그 예배에 생명을 부여해 주시는 성령님의 강력한 임재를 사모하며 나아가는 자리가 예배 자리입니다.

여섯째, 예배는 그 자체에 목적이 있으며 다른 무엇을 위한 방편이 아님을 분명히 알아야 합니다. 칼 바르트는 "교회의 예배는 하나님의 일이며, 그것은 그 자체를 위해 수행되는 것이다"라고 말했습니다. 예배는 인류의 발명품이 아니라 하나님의 요청입니다.

예배의 요소

교회는 이와 같은 예배에 대한 바른 이해와 정신에 근거하여 예배 순서를 기획하고 진행하게 됩니다. 예배의 요소들(순서들)은 하나님께 올려 드리는 요소들과 하나님께서 내려주시는 요소들이 균형적으로 배합되

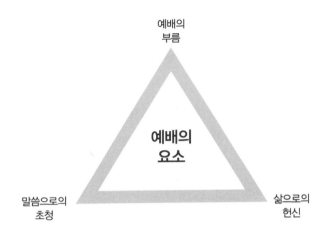

어 있습니다. 예배의 요소를 크게 나누면 다음과 같이 나눌 수 있습니다.

1) 예배의 부름

(1) 오르간 연주(10-15분 정도)

예배의 준비라기보다는 예배의 첫 순서라 할 수 있습니다. 연주자가 연주하는 동안 예배자들은 마음과 몸을 가다듬고 지난 삶을 묵상하고, 하나님의 은혜를 기대하게 됩니다. 또한 함께 찬양함으로 예배의 자리로 나아갈 수도 있습니다.

(2) 예배로의 초청

"오라, 우리가 구원의 반석이신 여호와를 향하여 즐거이 부르자"와 같은 말로 예배자들을 그 예배 안으로 초청하는 시간입니다. 이 초청은 거룩하신 하나님께 다같이 즐거운 마음으로 나아가자는 초청입니다.

(3) 기원

예배 가운데 하나님의 임재하여, 예배자들 가운데 거하시며, 예배자들 가운데 은총을 베풀어 주시기를 기원하는 순서입니다.

(4) 참회의 기도와 용서의 선언

"누가 거룩하신 하나님 앞에 서기에 합당한가?" 하나님은 거룩하시기에 하나님께 예배하는 자는 먼저 자신의 죄를 돌아보아 용서함을 받고, 그 용서하심에 근거하여 은총을 구하는 시간입니다. 그리고 우리는 예수 그리스도의 십자가에서 흘리신 피의 공로로 하나님의 거룩함에 참여할 수 있는 놀라운 특권을 가진 자가 되었다고 선포합니다.

(5) 대표기도(목회기도)

선정된 기도자가 모든 회중을 대표하여 드리는 기도입니다. 회중을 대표하여 드리는 기도이므로 회중에게 공통되는 기도의 내용을 잘 정리하여 3-4분 내외로 간략하게 정리하여 또렷한 목소리로 해야 합니다. 이 때 회중은 '아멘'으로 이 기도를 함께 드려야 합니다. 즉 기도의 청취자가 아니라 기도의 동참자가 되어야 합니다.

2) 말씀으로의 초청

(1) 성경 봉독

하나님께서 인간에게 말씀하시는 대표적인 순서입니다. 가능한 한 구약과 신약에서 본문을 골고루 정하는 것이 바람직합니다. 이 순서를 맡은 자는 목회자이든, 성도이든 정성을 다해 성실하게 봉독하되 이것이 하나님의 말씀임을 확신하는 신앙을 갖고 봉독해야 합니다.

(2) 찬양대의 찬양

구약성경의 전통에 의하면 오직 잘 훈련된 레위인들만 맡았던 중요한 순서입니다. 찬양대원들은 뜨거운 신앙과 숙달된 기능을 발휘해 하나님께 영광을 돌리고 온 회중에게도 은혜를 끼칠 수 있도록 노력해야 합니다. 그리고 찬양의 내용이 교회력이나 설교에 합치되도록 하는 것도 바람직합니다.

(3) 설교

설교란 자칫 '잔소리'로 오해하기 쉽습니다. 그래서 요즘은 '말씀의 증거' 혹은 '말씀의 선포'라는 표현을 즐겨 사용합니다. 설교란 결코 설교자의 의견이나 철학을 개진하는 시간이 아닙니다. 설교자는 하나님의 말씀을 대언(代言)한다는 의미에서 권위를 가져야 하며, 또한 먼저 설교자가 하나님의 말씀을 듣는 겸손함을 지녀야 합니다. 설교자에게는 힘을 다해 하나님의 뜻을 성도들에게 알리는 성실함이 요청됩니다.

3) 삶으로의 헌신

(1) 찬송

찬송은 하나님께 우리의 고백과 감사를 올려 드리는 전형적인 순서입니다. 찬송은 일어서서 하나님의 위엄과 권세 앞에 순종하는 모습을 표현하는 것이 바람직하며, 찬송할 때 우리는 온 정성을 다해 우리의 신앙고백을 가사에 담아야 합니다.

(2) 봉헌(헌금)

하나님의 은혜에 대한 성도의 응답적 행위입니다. 헌금은 단순히 물질만 드리는 데 목적이 있지 않습니다. 헌금하는 자는 물질뿐만 아니라 자신의 전 삶이 하나님의 것임을 고백하는 겸허함과, 하나님이 기뻐하시는 대로 살고자 하는 아름다운 열망을 함께 담아 드려야 합니다.

(3) 성찬

십자가에 못 박혀 죽기까지 우리를 사랑하신 주님을 생각하며, 주님과 함께 연합된 삶을 살겠다고 다짐하는 시간입니다. 또한 회중은 함께 이 은혜를 서로에게 보이며 살겠다고 하는 아름다운 신앙의 결심을 고백해야 합니다.

(4) 축도

축도는 'Bene-diction'이며 이는 '좋은 말'이라는 의미입니다. 축도는 하나님께서 친히 목사의 입을 통해 축복을 선포하시는 것을 말합니다. 민수기 6장 24-26절, 고린도후서 13장 13절은 전형적인 축도의 틀입니다. 축도는 단순히 복을 비는 것이 아니라, 흩어진 교회로 세상에 성도들을 파견하는 파송식의 의미도 함께 담고 있습니다.

예수님은 요한복음 4장의 사마리아 여인과의 대화에서 하나님은 예배하는 자를 찾으신다고 말씀하셨습니다. 예배가 소홀해지기 시작하면 교회는 가장 중요한 본질을 잃어버린 것입니다. 예배는 교회의 단순한 사명 중의 하나가 아니라 모든 사명이 시작되는 지점이고, 또한 가장 기본적이고 근본적인 사명의 출발점이기도 합니다. 예배는 그 어떤 것보다도 중요합니다.

윌리엄 템플은 예배의 의미와 아름다움을 다음과 같이 말했습니다.

① 하나님의 거룩하심으로 양심을 일깨움
② 하나님의 진리로 심령을 양육
③ 하나님의 아름다우심으로 창의력을 맑게 함
④ 하나님의 사랑에 대해 마음을 여는 것
⑤ 하나님의 목적에 대해 마음을 바치는 것

예배는 하나님께서 우리 가운데 행하신 일에 대한 감사와, 지금도 행하고 계심에 대한 확신과 앞으로도 행하실 것들에 대한 소망이 어우러지는 과거와 현재와 미래가 함께 하는 가슴 벅찬 시간입니다. 예배하는 삶에 힘씀으로 이 아름다움에 참여하는 삶을 사시기를 바랍니다.

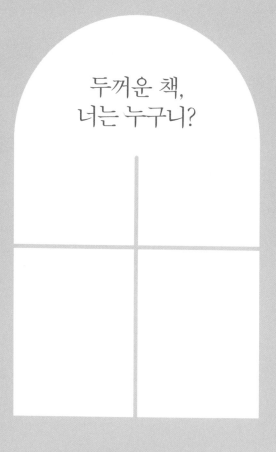

두꺼운 책,
너는 누구니?

"아니 저렇게 두껍고, 재미없어 보이고, 한눈에 봐도 질
리게 생긴 저 책은 도대체 뭐지? 도대체 정체가 뭐야?"

기독교인이 아닌 사람들이 성경을 볼 때 꼭 이렇게 말할 것 같습니다.
또한 "아니 저렇게 두껍고, 재미없어 보이는 책을 기독교인들은 왜 저리
도 열심히 읽고 늘 가지고 다니는 거야?"라고 의문을 품을 것 같기도 하
고요.

누군가 우스갯소리로 "기독교인들의 성경은 두꺼워서 낮잠 잘 때 베
개 삼으면 딱 좋아 보인다"라고 말하기도 합니다. 참 두꺼운 책, 그리고
글씨는 왜 그리도 많은지! 지명도 이름도 내용도 생소한 내용들로 가득
한 책!

우리는 이 책을 가리켜 '성경'(聖經)이라고 부릅니다. 주일에 예배당으
로 들어가는 기독교인들의 손에는 이 성경이 들려져 있고, 또한 예배당
안 어디에 가도 예배를 기다리는 모든 기독교인 앞에는 이 성경이 놓여
있습니다.

도대체 이 성경의 정체는 무엇이며, 또한 왜 그리도 소중하게 생각하

는 것일까요?

오늘은 이 이상하고 두꺼운 책의 비밀을 함께 풀어 보고자 합니다. 그리고 이 과정을 통해 성경과 조금 더 가까워지는 계기가 되기를 기대합니다.

성경의 뜻

기독교를 가리켜 '계시종교'라고 말합니다. '계시'란 '감추었던 것을 드러내다'라는 의미인데, 기독교에서 '계시'란 말은 하나님께서 인간들에게 자신을 드러내신 것을 일컫는 말입니다. 따라서 기독교를 '계시종교'라고 말하는 것은 우리 신앙의 기준이 하나님께서 자신을 스스로 드러내시고 보여주신 그분의 계시를 중심으로 생활하는 종교라는 의미입니다. 그리고 그 최종적이고 완전한 하나님의 계시를 담고 있는 책이 바로 성경입니다. 따라서 기독교에서 하나님의 말씀인 성경은 그 무엇보다도 중요합니다.

성경(聖經)은 영어로 바이블(BIBLE)이라고 하며, 이는 라틴어 비블리아(BIBLIA)에서 유래한 말로 '책들'이라는 뜻입니다. 그런데 책이라는 말 앞에 한글로는 '성'(聖), 영어로는 'HOLY'라는 말을 붙여서 거룩한 글, 聖經, 즉 'The Holy Bible'이라고 합니다. 왜 그럴까요? 성경은 단순한 책이 아니라 하나님의 거룩한 뜻을 담고 있는 책이며, 하나님께서 자신을 온전하고 완전하게 드러내신 유일한 계시의 완결이기 때문입니다. 그래서 거룩하신 하나님의 성품과 말씀을 담고 있기에 하나님을 보여주고 드러내는 책이라는 의미로 성경(The Holy Bible)이라고 한 것입니다.

성경의 외모와 내면

1) 성경의 외모

성경은 어떻게 생겼을까요? 먼저 그 생김새를 보면 다음과 같습니다.

(1) 66권으로 구성

먼저 성경은 전체가 66권의 책들로 구성되어 있으며, 그중 구약(Old Testament)이라고 불리는 책이 39권이며, 신약(New Testament)이라고 불리는 책이 27권입니다. 여기서 구약과 신약을 구분하는 기준은 예수님 이전과 이후입니다. 즉 구약은 오실 메시아이신 예수님에 대한 약속과 하나님의 구원을 향한 대망을 담고 있는 책이며, 신약은 이 땅에 구원주로 오신 예수님으로 시작해서 이 구원이 어떻게 세상에 퍼져 나갔고, 이 구원을 완성하시려 다시 오실 재림주이신 예수님을 기다리는 것과 이 시기를 살아가는 성도들의 지혜는 무엇인지를 기록하고 있습니다.

(2) 1,500여 년의 세월이 빚어낸 책

구약성경의 첫 번째 책인 창세기를 포함한 다섯 권의 성경을 모세가 기록한 다섯 권의 책이라고 해서 '모세 오경'이라고 부릅니다. 이 책이 기록된 시기는 대략 B.C 1450년에서 B.C 1400년 정도로 잡고 있습니다. 반면 신약의 마지막 책이고 66권 중 맨 마지막에 놓여 있는 '요한계시록'의 기록 시기는 A.D 90년 내지는 A.D 95년경으로 추정합니다.

그러면 전체 성경이 쓰여지기까지 걸린 시간은 무려 1500년에서

1600년에 달합니다. 그럼에도 신비한 것은 처음 책인 창세기부터 마지막 기록인 요한계시록까지 성경은 놀랄만한 일관성과 한결같은 흐름을 유지하고 있다는 것입니다. 성경이 단순한 인간의 창작품이거나 문학작품이 아니라 하나님의 섭리 가운데 주어진 하나님의 말씀임을 스스로 분명하게 보여주고 있는 것입니다.

(3) 세 가지 다른 언어

성경은 기록된 당시, 성경의 배경이 되는 지역에 살았던 사람들의 언어로 기록되었습니다. 이는 성경은 일차적으로 그 당시를 살았던 사람들에게 주셨던 하나님의 특별하신 계시였기 때문입니다. 헤르만 바빙크는 이를 가리켜 "성경은 하나님 언어의 성육신"이라고 부르기도 했습니다. 하나님께서 그 시대를 살던 사람들이 가장 잘 이해할 수 있는 방식으로 그분의 거룩한 뜻을 드러냈다는 의미에서 하는 말입니다.

구약성경은 당시 사람들이 썼던 언어였던 히브리어로 기록되었습니다. 단 이스라엘이 바벨론에 의해 멸망한 후, 그 지역 패권을 누렸던 페르시아, 신바빌로니아 등이 사용한 아람어가 일부 사용되기도 했습니다. 아람어가 사용된 대표적인 성경이 다니엘서 2장 4절 - 7장 28절까지입니다. 이러한 아람어의 흔적은 신약성경에도 일부 남아 있습니다. 예를 들면 '달리다굼', '엘리 엘리 라마 사박다니'와 같은 것들입니다.

신약시대는 헬레니즘의 영향으로 로마가 다스리던 대부분의 지역에서 사용되었던 언어는 헬라어였습니다. 신약성경이 기록되던 시기는 정치적으로는 로마의 통치를 받고 있었고, 문화적으로는 헬라 문화의 영향을 받았던 시대였습니다. 그러다 보니 자연스럽게 신약성경은 당시 통용되던 언어였던 헬라어로 기록되게 된 것입니다.

(4) 다양한 저자들

성경은 대략 40여 명의 저자들에 의해 기록되었습니다. 이들의 면면을 보면, 우선 직업이 다양했습니다. 이들 중에는 왕을 비롯한 정치가도 있었고, 선지자도 있었으며, 제사장, 레위인, 목자, 노래하는 사람, 어부 등 실로 다양한 직업을 가진 사람들이 하나님의 말씀을 기록하는 일에 사용되었습니다.

신분과 지식의 정도도 매우 다양했습니다. 저자 중에는 족장, 왕, 귀족, 평민들도 있었으며, 인종적으로도 유대인들만 저자로 사용된 것이 아니라 이방인들도 이 거룩한 일에 쓰임을 받았습니다. 모든 학문에 능통한 이들 뿐만이 아니라, 당시 지방과 같은 갈릴리 마을의 어부들도 이 일에 쓰임을 받았습니다. 하나님께서는 지위, 신분, 성별을 넘어 모든 이들이 이 위대한 일에 참여하도록 섭리하셨고, 그들을 사용하셨습니다.

따라서 성경은 매우 다양한 모습을 보여줍니다. 문학적으로도 다양한 장르가 사용되었고, 형식 또한 다양한 모습을 보여주고 있습니다. 이는 오랜 세월 동안 다양한 저자들의 성격과 배경, 지식 등이 반영되어 있기 때문입니다. 그럼에도 불구하고 내용에 있어서는 놀라운 통일성을 보여주고 있습니다. 이는 진정한 저자이시고, 이 모든 계시의 근원이신 하나님의 입으로부터 나온 말씀이기 때문입니다.

2) 성경의 내면, 성경의 두 가지 얼굴

성경을 들여다보면 두 가지 얼굴을 가지고 있음을 알게 됩니다. 하나는 인간의 책으로서의 면모입니다. 성경은 인간 저자를 통해 기록되었고, 그 저자들이 살았던 시대의 문화와 역사, 언어, 풍습을 매개체로 기록되었습니다. 하나님께서는 우리가 살아가는 이 세상의 이야기를 통해 하나님 나라의 신비와 하나님의 거룩한 뜻을 드러내셨습니다. 그러므로 우리는 아주 쉽게 하나님의 뜻을 알고 이해할 수 있게 되었습니다. 이것을 가리켜 성경의 한 국면인 인간의 책으로서의 성격이라고 말합니다.

또 하나는 하나님의 책으로서의 성격입니다. 하나님께서는 인간 저자들을 사용하셔서 모든 시대 모든 이들을 향한 하나님의 거룩한 뜻과 구원의 방법과 하나님의 백성들을 향한 그분의 뜻을 보여주셨습니다. 인간의 불완전함에도 불구하고 성경 기록을 위해 사용하신 인간 저자들을 오류로부터 지키시고, 또한 기록된 말씀이 보전되도록 보호하시고 지키셨습니다. 이를 통해 성경은 오고 가는 모든 시대에 거짓이 없고, 오류가 없으며, 구원과 삶에 가장 온전한 지식을 전달하는 하나님의 말씀으로 완성되었습니다.

그래서 성경은 두 얼굴을 지니고 있습니다. 이는 이중인격이나 다중인격이라는 의미가 아닙니다. 진정한 저자 되시는 하나님과 하나님의 거룩한 뜻의 전달자로서 인간 저자라는 이중 저자가 있다는 말이며, 또한 진정한 저자이신 하나님으로 인하여 일관성을 갖고 있으며, 인간 저자들을 통해 하나님의 거룩한 뜻을 기록하실 때, 가장 그들답게 사용하심으로 인하여 다양성이 존재함을 의미합니다. 이렇게 성경은 통일성과 다양성을 지닌 멋진 책입니다. 이것이 우리 앞에 놓인 성경의 신비한 내면의 모습입니다.

그래서 우리는 성경을 읽을 때 인간 저자들과 그들이 살았던 시대의 이야기를 듣게 되는 동시에 또한 하나님의 음성을 함께 듣게 됩니다. 성경은 이처럼 다양한 인간 저자들로 인한 다양성과 오직 하나님의 말씀이라는 통일성을 띠고 오늘 우리 앞에 있는 것입니다.

3) 성경 이해의 어려움

성경은 이해할 수 없는 어려운 책인가요?

성경을 말할 때 흔히 사람들은 이해의 어려움을 호소하기도 합니다. 심지어 읽어도 뭐가 뭔지 모르겠다는 푸념을 늘어놓기도 합니다. 그러다 보니 조금 읽기 수월한 부분만 집중적으로 읽고, 나머지는 건너뛰어 성경을 읽을 때 편식하는 습관이 생겨나기도 합니다.

그러면 이런 성경 이해의 어려움은 왜 생길까요?

몇 가지 이유 때문입니다. 저는 이것을 간격(Gap) 때문이라고 말합니다. 성경과 우리 사이에는 크게 네 가지 정도의 간격이 존재합니다. 이것을 정리하면 다음과 같습니다.

(1) 언어적 간격-지금 우리가 사용하는 언어와 성경의 언어 사이의 간격

(2) 지리적 간격-우리가 사는 지역과 성경의 배경이 되는 지역의 간격

(3) 문화적 간격-우리와 문화, 관습과 성경 시대 문화 관습의 차이

(4) 시간적 간격-성경의 기록 시기와 지금 우리가 사는 세상은 약
   3,500여 년의 간격이 존재

이러한 간격들이 성경과 우리 사이의 간극(間隙)을 만든 것입니다. 따라서 성경을 잘 이해하려면 성경과 우리 사이에 존재하는 이러한 간격을 메우려고 노력해야 하며, 전문적으로 말씀을 배우고 가르치는 이들의 도움을 통하여 이러한 간격으로 인하여 생겨난 틈을 뛰어넘어 좀 더 분명하게 성경을 이해할 수 있도록 도움을 받을 수 있습니다.

나의 사랑하는 책

그러면 우리가 왜 성경에 이토록 관심을 가져야 할까요? 물론 지금까지 말씀드린 것으로도 충분히 성경의 가치를 발견할 수 있었겠지만 좀 더 실제적인 이유가 있습니다.

첫째로 성경은 가장 많이 팔리고, 가장 오랫동안 사랑받는 책(베스트-스테디셀러)이기 때문입니다. 성경은 완성된 이후 지금까지 가장 오랜 세월 동안 가장 많은 사람에 의해 선택되었고, 팔렸고, 읽힌 책입니다.

무신론자였던 볼테르(계몽주의 철학자)는 이런 허망한 예언을 했습니다.

"앞으로 100년이면 성경은 고문서 창고에서 골동품이 되어 먼지에 쌓여있게 될 것이다."

그러나 그로부터 250여 년이 지난 지금도 성경은 여전히 가장 사랑받는 책입니다. 우리 중에 몇 사람이나 이 말을 했던 볼테르의 책을 알거나

읽은 사람이 있을까요? 볼테르의 책은 소수의 사람을 제외하곤 사람들로부터 외면당하여 거의 읽히지 않는 책이 되었고, 반면 사라지게 될 것으로 예언되었던 성경은 오랜 세월 동안 그 누구도 부인할 수 없는 최고의 가치를 보유한 책으로서의 위치를 여전히 유지하고 있습니다. 앞으로도 그럴 것입니다.

둘째는 수많은 학자가 이 한 권의 책을 연구하기 위해 일생을 바쳤고, 또한 지금도 바치고 있습니다. 성경 전체는 불과 1,189장으로 되어 있고, 1,754쪽에 불과합니다. 그럼에도 이 한 권의 책을 연구한 연구서들이나 관련된 서적들은 더 이상 출판되지 않아 사라졌거나, 더 이상 읽히지 않는 책을 제외하더라도 그 수를 이루 헤아릴 수 없습니다. 만약 이 책이 의미도 없고 가치도 없다면 이 한 권의 책을 연구하느라 삶을 바치는 어리석은 일은 절대로 하지 않을 것입니다.

셋째는 셀 수 없이 많은 문학 작품들과 영화들이 이 책의 영향을 받고 있습니다. 서양 문화를 이해하려면 성경을 빼놓고는 결코 이야기할 수 없습니다. 수많은 문학 작품들과 영화, 심지어 예술 작품들이 성경을 모티브로, 혹은 소재로 사용했고, 만들어졌으며, 제작되었습니다. 그리고 지금도 긍정적이든 부정적이든 성경의 이미지들은 많은 작품에 투영되고 있고, 우리가 쓰는 용어에도 성경적인 정서가 묻어 있는 것들이 매우 많습니다. 이는 성경적 관점과 성경 용어를 모르면 문학이나, 영화를 이해하기 힘들다는 의미가 됩니다. 따라서 성경을 모르는 것은 인류 문화사적 측면에서도 인류 문화유산의 매우 귀하고 소중한 유산에 대해 무지하다는 말과 같습니다.

넷째는 성경은 세계에서 가장 많은 언어로, 가장 많은 나라에 보급된 책이기 때문입니다. 세계성서공회연합회(UBS)는 2019년 기준으로 지난 5년간 전 세계 17억 명이 사용하는 270개 언어로 성경 번역이 완료되었다고 밝히고 있습니다. 또한 UBS는 2019년 말 기준으로 성경전서는 지구상 총 7,359개의 언어 중 694개의 언어로 번역되었으며, 신약전서는 1,542개 언어로, 단편성서는 1,159개 언어로 각각 번역되었으며, 2019년 말까지 총 3,395개 언어로 성경이 번역된 상태라고 밝혔습니다. 그리고 UBS를 비롯하여 많은 단체가 모든 사람이 자신들의 언어로 성경을 읽을 수 있도록 지금도 각고의 노력을 기울이고 있으며, 모든 부족의 말로 성경을 번역하기 위한 노력을 계속하고 있습니다. 이 위대한 책이 바로 성경입니다.

그런데 이와 더불어 기독교인들이 성경을 읽고 알고 이해해야 하는 더 특별한 이유도 있습니다.

첫째, 성경은 구원에 필요한 지식을 제공하기 때문입니다. 모든 성경은 하나님의 감동으로 된 것으로 우리로 하여금 구원에 이르는 지혜가 있게 합니다. 성경으로 말미암지 않고는 결코 구원에 이르는 길을 찾을 수가 없습니다. 성경이 오직 유일한 길을 알려주며, 유일한 진리를 소유하게 하고, 유일한 생명에 이르는 방법을 알려줍니다.

둘째는 성경은 영적인 성장에 필수적이기 때문입니다. 갓 태어난 아이에게 엄마의 젖이 유일한 생존과 성장의 수단이듯이 기독교인들에게

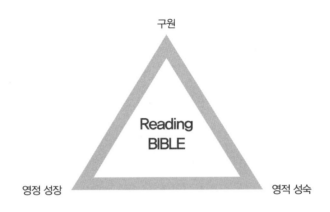

성경이 그러합니다. 성경으로 말미암지 않고는 신앙의 성장이 이루어지지 않습니다.

셋째는 성경은 영적 성숙에 필수적이기 때문입니다. '성숙'이라는 의미는 '합당한 노릇을 한다'는 말과도 같습니다. 우리가 하나님의 자녀로 합당한 노릇을 하고 살려면 하나님의 거룩한 뜻인 성경을 알지 못하면 안됩니다.

성경은 그리스도인들을 영적 삶의 시작점에 세우며, 영적인 삶의 원리를 제공해 주고, 영적인 성숙의 길을 제시합니다. 따라서 성경을 가까이하고, 성경을 알아갈수록 하나님을 바로 알게 되고, 신앙의 본질을 이해하게 되며, 바람직한 그리스도인으로서의 삶을 살게 됩니다. 따라서 모든 기독교인은 성경을 알 수 있는 기회를 선용하고, 배우는 일에 최선을 다해야 합니다.

노예 해방의 엄청난 성취를 이룬 미국의 16대 대통령이었던 링컨은 다음과 같은 고백을 했습니다.

"어린 시절 어머니가 날마다 읽어주신 성경 구절이 마음속에 남았습니다. 어머니는 '부자나 위인이 되기보다 성경 읽는 것을 즐기는 사람이 돼라'고 유언하셨습니다."

또한 그는 "하나님이 내게 주신 가장 큰 선물은 성경입니다" 라고 고백했습니다.

성경을 펼치면 하나님의 그 위대하심을 오늘 우리의 언어로 듣게 되고, 성경을 펼치면 우리를 구원하기 위해 유일한 길이 되신 예수님의 십자가가 보이고, 성경을 펼치면 우리 삶의 푯대가 무엇인가를 알게 하시고 인도자가 되시고 동행하시는 성령님의 음성이 들립니다.

이제부터라도 늘 곁에 성경을 가까이 두는 삶을 살기 바랍니다.

"늘 기도하며 힘을 잃지 않는 그리스도인이라면
모든 기도가 원하는 대로 응답받는 것보다 하나님과 대화하는 데
훨씬 더 많은 가치를 둘 것이다. 기도의 궁극적인 목표가 그것이다."

(조지 맥도널드)

기도,
만남의 광장

우리가 언뜻 생각해도 세상은 기도로 가득합니다. 기도하는 모습은 인종, 국가 시대를 넘어 인간이 살아가는 모든 자리, 모든 시간에 존재합니다. 모든 종교마다(심지어 샤머니즘에서도) 열심히 기도를 권합니다. 이슬람교를 신봉하는 나라의 사람들은 하루에 세 번, 정해진 기도 시간에는 심지어 차를 길가에 세우고는 차에서 내려, 차 트렁크를 열고 작은 방석 같은 것을 꺼내서 깔고 그들의 메카가 있는 곳을 향하여 머리를 숙여 기도합니다. 또한 모든 이슬람 종교 시설에는 기도 시간에 기도하려는 사람들로 가득합니다.

우리나라에 전해 내려오는 설화 중에는 백일기도, 천일기도와 같이 정성을 다하여 기도함으로 소원을 성취했다는 많은 이야기가 존재합니다. 이는 기독교도 예외가 아닙니다. 우리나라 기독교 역사를 보면 기도를 매우 강조하였고, 특별히 많은 곳에 기도를 위한 기도원이라는 특별한 용도의 시설을 수없이 지었던 것을 볼 수 있습니다. 또한 산기도, 금식기도, 작정기도 등 기도하는 일에 열심을 냈습니다.

그러면 모든 시대, 민간신앙을 포함하여 모든 종교에서 가르치는 기도는 다 같은 것일까요? 특별히 민간신앙에서 기도를 강조하면서 '정성을 다하면 응답된다'는 식의 가르침은 기독교 신앙에서도 기도에 대해 같은 의미로 사용하는 것일까요?

오늘 우리는 기도라는 신비한 세계로 여행을 떠나고자 합니다. 성경에서 말씀하시는 기도란 무엇이고, 그 의미는 무엇이며, 그 본질이 무엇인가를 생각해 보고자 합니다. 이를 통해 기도가 갖고 있는 그 깊은 의미와 가치를 깨닫는 가운데, 기도를 통해 기독교 신앙의 신비를 함께 경험할 수 있기를 소망합니다.

기도란 무엇인가?

기도의 사전적 정의는 "인간보다 능력이 뛰어나다고 생각하는 어떤 한 절대적 존재에게 비는 것, 혹은 그런 종교 행위"입니다. 사전의 정의와 같이 어떤 절대자에게 비는 행위를 기도라고 한다면, 종교는 말할 것도 없고, 인간은 일상의 삶의 자리에서도 의식 중에든, 무의식 중에든 어떤 절대적인 존재에게 끊임없는 청원이나 소원을 아뢰고 있기에 인간은 모두 기도한다고 볼 수 있습니다. 또한 기도에 대해 생각할 때마다 어찌 보면 이런 사전적 정의, 즉 "기도는 무언가를 비는 행위"라는 말이 우리 속에 익숙하게 떠오르는 생각일 것입니다.

그러면 여기서 한 가지 질문하고 넘어갈 것은, 그러면 성경도 "우리가 일반적으로 알고 있는 기도에 대한 정의를 지지하고 있는가?"하는 점입니다. 따라서 기독교 신앙에서 말하는 기도에 대해 바르게 이해하려면 결국 다시 기독교 신앙의 유일한 표준인 성경을 통해 확인해야 합니다.

그리고 성경이 가르치는 기도가 무엇인가를 정확하게 이해하려면 성경 전체의 구도를 생각해 보는 것에서 시작해야 합니다.

성경의 기록은 천지를 창조하는 기사로 시작해서 새 하늘과 새 땅을 설치하시고, 그곳으로 인간을 초청하시는 것으로 끝납니다. 그러면 성경이 하나님의 창조를 선포하는 기사로 시작하는 것이 갖는 중요성은 무엇일까요?

이는 이 세상의 근원이 하나님께 있음을 알려줄 뿐만 아니라, 세상 모든 것의 주인도 오직 하나님뿐이심을 알려줍니다. 이 창조 기사에는 특히 인간 창조 과정이 자세하게 소개되고 있습니다. 인간은 다른 피조물과는 다르게 특별한 방식으로 창조되었습니다. 하나님께서는 친히 인간을 흙으로 빚으시고, 그 코에 생기를 불어넣으심으로 인간을 하나님의 형상대로, 즉 하나님의 성품과 하나님의 존재 방식, 그리고 하나님의 지위를 반영하는 존재로 지으셨습니다. 어쨌든 이런 사실을 통해서 볼 수 있는 것은 인간 역시 하나님의 창조물이라는 것, 그럼에도 불구하고 인간은 다른 피조물과는 달리 특별한 존재로 지으심을 받은 가장 영화로운 존재라는 것입니다.

그러면 인간을 하나님의 형상을 닮은 인격적 존재로 특별하게 지으신 하나님의 목적이 무엇일까요? 그것은 하나님께서 인간을 교제의 대상이며, 거룩한 일의 동역자로 부르셨다는 중요한 의미를 지닙니다. 어떤 대상 간에 교제가 발생하기 위해서는 격(格이) 맞아야 합니다. 그래서 하나님은 인간을 하나님과의 교제가 가능한 인격적 존재로 지으신 것입니다. 그리고 하나님께서 인간을 이끄신 에덴동산은 하나님께서 인간과 더불어 교제하기를 원하셨던 교제가 충만한 동산이었습니다. 이처럼 하나님은 특별한 존재로 지으신 인간과 더불어 영원한 교제를 나누시기를 원하셨습니다. 그리고 비록 인간이 죄를 범하여 하나님을 떠났을 때도 하나님께서는 창조 때부터 갖고 계셨던 이 소망을 절대로 포기하지 않으셨습니다.

성경은 포기하지 못하시고 끝까지 인간을 찾아오시고, 사랑하시고, 그래서 결국은 구원하시는 하나님의 특별한 사랑의 이야기입니다. 성경은 이런 하나님을 소개하는 내용으로 가득합니다. 하나님께서는 최초의 인간으로서 죄를 지었던 아담과 하와를 찾아가셨고, 동생을 죽이고 피한 가인을 찾아가셨으며, 범죄한 다윗, 실망하여 피한 엘리야 등 항상 먼저 찾아가셔서 그 사랑을 확인시켜 주셨습니다. 먼저 찾아가신 분은 늘 하나님이셨습니다.

하나님께서는 왜 그리도 배알도 없으신 분처럼 하나님을 등지고, 끊임없이 죄를 짓고, 죄 가운데 숨은 인간들을 찾아가신 것일까요? 바로 하나님과의 관계가 끊어지기를 원치 않으셨고, 끊임없이 교제의 자리로 부르시기 위함이었습니다. 신앙생활에서 우리와 하나님과의 관계가 유지되는 것은 그 근거가 우리에게 있지 않습니다. 늘 우리를 먼저 찾아오시는 하나님께 그 근거가 있습니다. 그리고 끊임없이 우리의 이름을 부르시며 그 친밀함으로 이끄시는 하나님께 이유가 있습니다.

따라서 기독교 신앙의 출발점과 행위와 결국은 항상 하나님의 인자하심과 긍휼을 베푸심과 신실하심으로 귀결됩니다. 이것이 기독교 신앙이 가진, 그리고 타 종교와 구분되는 최고의 가치이며 구분점입니다. 여기서 우리는 성경에서 가르치고 있는 기도가 무엇일까에 대한 실마리를 얻게 됩니다. 기도도 이와 같은 기독교 신앙의 본질에서 벗어나지 않기 때문입니다. 신앙의 원리는 모든 기독교 신앙의 모든 내용에 동일하게 적용되기 때문입니다.

그러면 기독교 신앙에서 기도란 무엇일까요?

기독교 신앙에 있어 기도의 본질은 바로 그 하나님께서 깊은 교제의 자리로 우리를 초청하시는 사건입니다. 그리고 우리의 기도 행위는 늘 우리를 그 깊은 교제 가운데로 초청하시는 하나님의 사랑에 대한 응답입니다. 따라서 기독교 신앙에 있어 기도는 일방적인 요청이나, 요구나, 무작정 비는 행위가 아닌 하나님의 부르심에 대한 반응이며, 그 깊은 교제로의 초청에 대한 응답입니다.

그래서 기도를 '하나님과의 대화'라고도 하며, 또한 기도를 '하나님의 긴 호흡을 공유하는 시간'이라고도 하고, '영혼의 호흡'이라고 정의합니다. 기도하지 않는다는 것은 곧 하나님과의 대화가 사라진 것이고, 하나님과의 교제는 끊어진 것이며, 영혼은 더 이상 호흡하지 않는 것을 의미합니다. 그러기에 기도하지 않는 것은 우리가 영적으로 심각한 상태에 놓여 있음을 보여주는 시금석 역할을 합니다. 하나님을 떠난 인생은 죽은 것이기 때문입니다.

조지 맥도널드는 기도에 대해 아주 중요한 말을 했습니다.

"늘 기도하며 힘을 잃지 않는 그리스도인이라면, 모든 기도가 원하는 대로 응답받는 것보다 하나님과 대화하는 데 훨씬 더 많은 가치를 둘 것이다. 기도의 궁극적인 목표가 그것이다."

기도에서 중요한 것은 무엇인가?

기도의 진정한 의미를 알고 깨달은 이는 분명 바른 기도를 하게 될 것입니다. 억지를 부리거나, 무례하거나, 자기 말만을 늘어놓거나, 의미 없는 주문처럼 기도하지는 않을 것입니다. 따라서 바르게 기도하기를 원하는 이들에게는 몇 가지 중요한 사실들이 있습니다.

첫째는 하나님과 우리와의 관계에 대한 바른 이해입니다. 기도는 하나님과 우리의 관계를 바로 이해하고 확신하는 데서 출발합니다. 그러면 하나님과 우리의 관계에 대해 성경은 어떻게 말씀하고 있습니까?

성경 곳곳에서 하나님과 우리의 관계를 친밀한 부자의 관계로 설명하십니다.

• 마태복음 5:16
이같이 너희 빛을 사람 앞에 비치게 하여 그들로 너희 착한 행실을 보고 하늘에 계신 너희 아버지께 영광을 돌리게 하라
• 마태복음 6:9
그러므로 너희는 이렇게 기도하라 하늘에 계신 우리 아버지여 이름이 거룩히 여김을 받으시오며
• 누가복음 12:29-30
너희는 무엇을 먹을까 무엇을 마실까 하여 구하지 말며 근심하지도 말라 이 모든 것은 세상 백성들이 구하는 것이라 너희 아버지께서는

이런 것이 너희에게 있어야 할 것을 아시느니라

• 갈라디아서 4:6-7

너희가 아들이므로 하나님이 그 아들의 영을 우리 마음 가운데 보내
사 아빠 아버지라 부르게 하셨느니라 그러므로 네가 이 후로는 종이
아니요 아들이니 아들이면 하나님으로 말미암아 유업을 받을 자니라

• 로마서 8:15-16

너희는 다시 무서워하는 종의 영을 받지 아니하고 양자의 영을 받았
으므로 우리가 아빠 아버지라고 부르짖느니라 성령이 친히 우리의 영
과 더불어 우리가 하나님의 자녀인 것을 증거하시나니

성경은 끊임없이 하나님과 우리의 관계를 부모와 자녀의 관계로 설
명합니다. 그리고 이것이 기도하는 자들에게는 가장 중요한 사실입니다.
왜냐하면 기도는 바로 아버지와 자녀의 친밀한 대화임을 알 수 있기 때
문입니다. 부모와 자녀가 정답게 대화하며, 또한 자녀가 어떤 것을 부모
님께 구하는 것은 전혀 어색하거나 어려운 것이 아닙니다. 기도도 이와
같이 이해하면 전혀 어렵지 않습니다.

둘째로 바른 기도를 위해 중요한 것은 우리 기도 안에서 삼위 하나님
의 일하심입니다. 하나님과 우리와의 관계를 부모와 자식 간의 관계와
같다고 할 때, 우리와 하나님과의 관계를 아버지와 자녀의 관계로 맺어
주신 분이 계십니다. 바로 예수님입니다. 예수님은 친히 십자가에 못 박
혀 죽으셔서 우리 죄를 사하시고, 친히 자기 육체를 성전 삼아 허무심으
로 하나님께로 나아갈 수 있는 길을 여셨습니다. 따라서 예수로 말미암

지 않고는 아무도 아버지께 갈 자가 없습니다.

예수님은 우리가 하나님께로 담대히 나아가, 그 하나님을 '아빠 아버지'라 부르며, 그 은혜의 보좌 앞에 이를 수 있는 길을 열어 주셨습니다. 따라서 기도할 수 있는 사람은 바로 예수의 은혜로 죄 사함을 받고, 하나님을 '아빠 아버지'라 부를 수 있게 된 사람입니다.

그럴 때 성령 하나님께서는 우리의 깊은 곳까지도 통찰하시고, 우리의 모든 필요와 형편을 아시기에 우리의 소원을 들으실 뿐 아니라, 우리가 구하고 생각한 것보다 더 좋은 것으로 채워주십니다. 왜냐하면 우리가 하늘의 가족이며, 하나님의 자녀들이기 때문입니다.

따라서 기도에 대해 이렇게 정리하면 좋습니다.

• 우리 기도의 대상 = 하나님 아버지께
• 우리 기도의 중보 = 예수 그리스도의 이름으로
• 우리 기도의 응답 = 성령님을 통하여

이를 통해 알 수 있는 것은 기도는 성부, 성자, 성령께서 우리와 함께 하시는 놀라운 사건입니다. 우리의 기도는 아버지께로 올라가고, 아들의 이름으로 상달되며, 성령님을 통해 응답됩니다. 이처럼 기도는 우리 삶의 자리에서 기독교 신앙의 핵심 교리인 삼위일체(三位一體, Trinity)를 경험하는 시간이며, 삼위일체로 존재하시고 일하시는 하나님께서 우리 삶의 자리에서 이루시는 아름다운 합력(合力)을 경험하는 시간입니다.

기도에 형식과 순서가 있나요?

반드시 형식과 순서가 있다고 할 수는 없지만, 효과적인 기도를 위해 다음의 순서를 기억해 두면 좋습니다.

1) 찬양과 영광

먼저 하나님께 그 이름에 합당한 영광을 돌림으로 기도를 시작하십시오. 예를 들면 "온 우주 만물을 지으시고 지혜로 통치하시는 하나님 아버지, 홀로 존귀와 찬송과 영광을 받으시옵소서"와 같이 시작하는 것입니다.

2) 죄의 자백

하나님 앞에서 먼저 자신을 돌아보고, 지난 시간 속에서 범한 죄를 낱낱이 고하고 용서를 구하는 기도를 합니다. 하나님께서는 요한일서 1장 9절을 통하여 "만일 우리가 우리 죄를 자백하면 저는 미쁘시고 의로우사 우리 죄를 사하시며 모든 불의에서 우리를 깨끗하게 하실 것이요"라고 약속하고 계십니다.

3) 감사의 기도

죄를 고하고 용서를 구했으면, 하나님께서 나의 죄를 다 용서했음을 확신하고 기쁜 마음으로 감사의 기도를 합니다. 감사는 지난 시간 속에서 하나님께서 함께해 주시고, 지켜 주심에 대해 그리고 그밖에 특별히 감사한 일들을 마음을 다해 고백합니다.

하나님께서는 빌립보서 4장 6-7절을 통해서 "아무 것도 염려하지 말

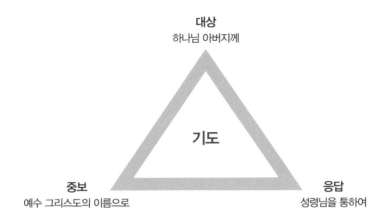

고 다만 모든 일에 기도와 간구로, 너희 구할 것을 감사함으로 하나님께 아뢰라 그리하면 모든 지각에 뛰어난 하나님의 평강이 그리스도 예수 안에서 너희 마음과 생각을 지키시리라"고 말씀하셨습니다.

4) 나의 간구

나의 삶의 모든 부분을 하나님께 부탁하며 하나님의 인도하심을 구합니다. 간구는 내 마음의 소원을 좇아 구체적으로 아뢰는 것이 좋습니다. 그러므로 기도하기 전에 무엇을 간구할 것인지 마음으로 정리하거나 메모해 두었다가 빠짐없이 간구한다면 기도의 좋은 습관을 지니게 됩니다.

주님은 마태복음 7장 7-11절에서 이렇게 말씀하셨습니다.

"구하라 그리하면 너희에게 주실 것이요 찾으라 그리하면 찾아낼 것이요 문을 두드리라 그리하면 너희에게 열릴 것이니 구하는 이마다 받을 것이요 찾는 이는 찾아낼 것이요 두드리는 이에게는 열릴 것이니라."

5) 다른 사람을 위한 기도

나를 위한 기도뿐만 아니라, 다른 사람을 위해 하는 기도 역시 중요합니다. 나라와 민족을 위해, 나라의 지도자와 위정자들을 위해, 교회를 위해, 여러 성도를 위해, 성도들의 가정을 위해, 그리고 나에게 기도를 부탁한 모든 사람을 위해 기도할 수 있습니다. 누군가를 품고 하는 기도는 하나님께서 기뻐받으십니다.

사도 바울은 골로새서 1장 9절에서 다른 사람들을 위한 자기 기도의 습관을 다음과 같이 고백했습니다.

"이로써 우리도 듣던 날부터 너희를 위하여 기도하기를 그치지 아니하고 구하노니 너희로 하여금 모든 신령한 지혜와 총명에 하나님의 뜻을 아는 것으로 채우게 하시고"

6) 기도의 마무리 – 예수님의 이름으로!

'예수님의 이름으로 기도한다는 것'은 그분의 십자가의 공로와 은혜를 의지하여 거룩하신 아버지께 나아간다는 것을 말합니다. 우리의 공로가 아닌 아들의 공로로 인하여 아버지는 우리의 기도를 들으시는 것입니다.

7) '아멘'으로 마친다.

'아멘'은 그 뜻이 "나는 하나님을 신뢰합니다"라는 의미로 하나님의

＊찬양과 영광
＊죄의 자백
＊감사의 기도
＊나의 간구
＊다른 사람을 위한 기도
＊기도의 마무리 – 예수님의 이름으로
＊'아멘'으로 마침

신실하심에 대한 확인입니다. 또한 우리의 기도를 듣고 반드시 응답하실 것에 대한 우리의 소망과 믿음의 표현이기도 합니다. 따라서 '아멘'은 우리 기도를 듣고 가장 좋은 것으로 응답하실 하나님을 향한 전적인 신뢰의 표현입니다.

기도에 대한 하나님의 약속

그러면 기도하는 이들에게 하신 하나님의 약속은 어떠한 것들이 있을까요?

1) 가장 좋은 것으로 응답하시겠다고 약속하십니다(마태복음 7:9-11; 시편 34:6-10).

2) 때를 맞춰 응답해 주십니다(히브리서 4:16).

3) 넘치게 응답하십니다(요한복음 7:38).

4) 꼭 필요한 것으로 응답하십니다(요한복음 11:1-46).

결국 기도 응답에 대한 우리의 기대는 다음과 같이 요약할 수 있습니다. "하나님은 가장 좋은 것으로, 가장 적합한 시간에, 필요를 따라, 넘치도록 응답하십니다."

기도는 기독교 신앙에서는 하나님과의 교제이며, 동행함이고 또한 영혼의 호흡과도 같습니다. 기도는 우리가 개발한 종교적인 행위나 소원 성취의 수단이 아닙니다. 기도는 하나님과의 깊은 교제를 통해 하나님을 경험하고, 그 성품을 전이 받고, 그 하나님과 동행하고자 하는 거룩한 다짐으로 채우는 시간입니다. 또한 우리를 초청하신 하나님께 감사하며, 우리 삶에 하나님을 초청하는 시간입니다. 그러면 하나님께서는 성령님을 우리에게 보내셔서 우리의 사정과 형편에 따라 가장 좋은 것으로 응답하십니다. 기도하는 사람은 이 세상에서 그리스도인의 특권을 가장 잘 아는 사람입니다.

그래서 이 기도 시간의 아름다움에 대해 류엔더저(Leuenderger)는 이런 아름다운 고백을 남겼습니다.

"기도는 시간 중의 시간이다. 모든 시간 중의 가장 중요한 시간이다. 다른 모든 시간을 의미 있게 하는 시간이기 때문이다."

시간 중의 시간, 시간 중에 가장 중요한 시간, 다른 모든 것의 의미를 제공하는 시간, 그 기도의 자리가 우리의 자리가 되기를 바랍니다.

우리는 하나,
사도신경

예수님께서 공적인 사역을 마무리하실 때가 다가오자 가이사랴 빌립보라는 지역에서 제자들에게 다음과 같이 질문하셨습니다.

"사람들이 나를 누구라 하느냐?"

그러자 제자들은 세간에 예수님에 대해 들리는 소문들과 사람들의 인식에 대해 알고 있는 바를 말씀드렸습니다. 그러자 제자들의 대답을 들으신 예수님은 이어 "그럼 너희는 나를 누구라 하느냐?"고 재차 질문하셨습니다. 이 질문에 대해 제자 중 한 명이었던 베드로가 다음과 같이 대답했습니다.

"주는 그리스도시며 살아계신 하나님의 아들이십니다."

이 대답을 들으신 주님은 매우 흡족해하시면서 이 고백의 터 위에 교회를 세우시겠다는 것과 이어 자신이 십자가를 지기 위해 예루살렘으로 가실 것을 비로소 말씀하셨습니다. 베드로의 고백은 예수님의 공생애 사역의 위대한 전환점(Turning Point)이 된 사건이었습니다. 이처럼 가이사랴 빌립보 지역에서 베드로의 고백을 들으신 예수님의 선언을 통해서도 알 수 있는 것처럼 교회는 신앙고백의 터 위에 세워진 공동체입니다. 따라서 함께한 신앙의 내용을 공유하고, 함께 고백함으로 공동체성을 확인받는 것은 매우 중요합니다.

오늘은 외우기도 쉽지 않은 내용임에도, 처음부터 알고 있었다는 것처럼 한목소리로, 심지어 음률에 맞추듯 자연스럽게 암송까지 하는 교회 공동체의 목소리, 신앙고백인 "사도신경"에 대해 알아보겠습니다.

사도신경이 무슨 뜻일까요?

사도신경을 영어로는 "The Apostle's Creed"라고 합니다. 직역하면 "사도들의 신조(=신경)"라고 번역할 수 있습니다. 비록 '사도'라는 말이 들어가서 이것이 예수님의 제자들로 인하여 만들어진 것이라는 생각이 들기도 하지만 사실 이 고백서가 언제 누구에 의해서 작성되었는지에 대해서는 의견이 분분하고, 또한 어느 것도 분명하지 않습니다.

다만 사도신경의 기원에 대해서는, 2세기 무렵부터 영지주의 및 몬타누스주의 등 이단 사상이 대두되자 기독교가 신앙을 정립하고자 하는 목적으로 만들었다고 보는 것이 대체적으로 받아들여지고 있는 입장이고, 이 신조에 의거하여 이단을 구분하는 주요 잣대로 활용했다고 알려졌습니다. 따라서 사도신경은 교회 공동체가 믿어야 할 기본적인 교의를 잘 요약, 정리하고 있으며, 이것의 가치는 초기 교부들과 공의회 등이 재확인했고, 재천명함으로 교회 안에서 권위를 인정받게 되었습니다. 이처럼 사도신경은 공동체가 기독교 교리를 올바로 이해하고 함께 고백하기 위해 사용한 오랜 전통을 지닌 교회의 고백서입니다.

사도신경의 내용

사도신경은 우리가 누구를, 그리고 무엇을 믿는가, 즉 믿음의 대상과 내용에 대한 가장 중요하고, 기본인 내용들을 포함하고 있습니다.

사도신경의 전문은 다음과 같습니다.

한글 전문 (사도신경)	영문 전문 (사도신경)
"나는 전능하신 아버지 하나님, 천지의 창조주를 믿습니다. 나는 그의 유일하신 아들, 우리 주 예수 그리스도를 믿습니다. 그는 성령으로 잉태되어 동정녀 마리아에게서 나시고, 본디오 빌라도에게 고난을 받아 십자가에 못 박혀 죽으시고, 장사된 지 사흘 만에 죽은 자 가운데서 다시 살아나셨으며, 하늘에 오르시어 전능하신 아버지 하나님 우편에 앉아 계시다가 거기로부터 살아 있는 자와 죽은 자를 심판하러 오십니다. 나는 성령을 믿으며, 거룩한 공교회와 성도의 교제와 죄를 용서받는 것과 몸의 부활과 영생을 믿습니다. 아멘."	"I believe in God the Father Almighty; Maker of Heaven and Earth; and in Jesus Christ His only (begotten) Son our Lord; who was conceived by the Holy Ghost, born of the Virgin Mary; suffered under Pontius Pilate, was crucified, dead, and buried; He descended into hell; the third day He rose from the dead; He ascended into heaven; and sitteth at the right hand of God the Father Almighty; from thence He shall come to judge the quick and the dead. I believe in the Holy Ghost; the holy catholic Church; the communion of saints; the forgiveness of sins; the resurrection of the body; and the life everlasting. Amen."

위의 내용을 분석해보면 다음과 같은 구도로 되어 있습니다.

나는 믿는다: 하나님

　　　　전능하신 아버지이시고

　　　　천지의 창조주이심을

나는 믿는다: 예수 그리스도를

　　　　하나님의 유일하신 아들(his only son),

　　　　우리 주(our Lord)가 되심을

　　　　그분은

　　　　성령으로 잉태되어 동정녀 마리아에게서 나시고

　　　　본디오 빌라도에게 고난을 받으시고

　　　　십자가에 못 박혀 죽으시고

　　　　장사한 지

　　　　사흘 만에 죽은 자 가운데서 살아나셨고

　　　　하늘에 오르사

　　　　전능하신 하나님 우편에 앉아 계시다가

　　　　거기로부터

　　　　살아있는 자와 죽은 자를 심판하러 오심을

나는 믿는다: 성령을

거룩한 공교회와

성도의 교제와

죄를 용서받는 것과

몸의 부활과

영생을 얻는 것을

위에서 분석한 사도신경의 내용을 묻고 답하는 형식을 통해 살피면 보다 사도신경의 내용이 더 분명해질 것입니다.

1) 사도신경을 통해 볼 때 우리가 믿는 것은 무엇입니까?

위의 구조에서 알 수 있듯이 사도신경은 우리가 믿는 것은 성부 하나님과 성자 예수님과 성령 하나님, 즉 삼위일체(三位─體) 하나님을 믿는다는 신앙의 고백임을 너무나도 분명하게 보여줍니다.

2) 사도신경에서 고백하는 성부 하나님은 어떤 분이시며, 또 우리와는 어떤 관계이십니까?

하나님은 전능하신 분이십니다. 즉 모든 것을 능히 행할 수 있다는 고백입니다. 그 하나님의 전능하심은 온 세상을 창조하심으로 세상에 드러났습니다. 하나님은 바로 창조주이십니다. 그리고 그분의 창조 속에는 인간도 포함됩니다. 즉 사람도 하나님께서 만드셨습니다. 그리고 또한 독생자 예수 그리스도를 우리의 구원자로 보내시면서까지 우리를 사랑하셔서 자녀 삼아주셨습니다. 그래서 전능하시고, 온 세상을 지으신 그

분이 우리와의 관계 속에서는 바로 우리의 아버지가 되십니다.

3) 예수님의 신분은 무엇입니까? 그리고 우리와의 관계는 무엇입니까?

예수님은 하나님의 유일하신 아들입니다. 성경은 성부와 성자의 관계를 아버지와 아들의 관계를 표현합니다. 이것은 아버지로부터 아들이 태어나는 것 같은 인간적인 탄생의 의미를 설명하는 말은 아닙니다. 왜냐하면 하나님은 영원부터 영원까지 하나님이시기 때문입니다. 그리고 예수님은 바로 하나님이십니다. 그런데 세상의 죄를 사하시기 위해 성자 하나님께서 예수라는 이름으로 이 땅에 육신을 입고 태어나셨습니다. 이 땅에 오신 예수님은 하늘의 하나님을 아버지라 부르셨습니다. 따라서 성부와 성자의 호칭은 구원론적 관계 속에서 이루어진 것임을 알게 됩니다. 그리고 이 땅에 오셔서 우리 죄를 사하심으로 예수님은 우리에게는 '주'(메시아, 구원자)가 되십니다.

4) 사도신경을 통해 예수님께서 행하신 일들을 정리해 보세요. 그리고 왜 이러한 일들을 행하셔야만 했을까요?

사도신경은 예수님께서 이 땅에 오심(=탄생), 고난 당하심, 죽으심, 다시 사심(=부활), 승천, 재림 등 땅에 오심부터 부활 승천까지의 모든 행하심이 고백되고 있습니다. 그런데 하나님이신 예수님께서 이렇게 하심은 바로 우리를 구원하시기 위해, 즉 우리의 죄를 대신 담당하시고, 우리를 죄로부터 해방시키시고, 영원한 생명을 주시고자 하심입니다. 그래서 하나님이신 예수님이 바로 우리를 죄와 사망에서 구원하신 우리의 '주'(=메시아)가 되신 것입니다.

그런데 사도신경은 특이하게도 삼위에 대한 고백이 균등하게 고백되고 있는 것이 아니라, 삼위 중에서도 둘째 위가 되시는 예수님을 향한 고백에 그 내용 대부분을 할애하고 있는 것을 보게 됩니다. 이는 구약시대부터 예언된 하나님의 구원 계획이 바로 예수님의 사역 안에서 온전히 성취되었기 때문입니다. 즉 예수님은 모든 성경의 중심입니다. 또한 사도신경이 쓰일 당시의 상황과도 관련이 있습니다. 당시 상황은 이 땅에 오신 예수님에 대한 고백에 많은 혼돈과 혼선이 빚어지고 있었고, 이로 인하여 많은 이단이 생겨났기 때문입니다. 이것이 사도신경에서 예수님에 대한 고백에 특별히 많은 지면을 할애한 이유입니다.

사도신경에 나타난 예수님의 행하심에 대한 고백은 두 축으로 진행됨을 볼 수 있습니다. 그것은 마치 영어 알파벳 V를 연상하게 하는 대칭을 이루고 있습니다.

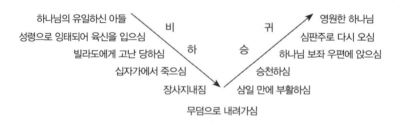

알파벳 V는 가장 높은 두 지점이 가장 낮은 한 지점을 만나면서 이루어집니다. 그리고 V는 Victory, 즉 승리를 상징합니다. 사도신경에서 보이는 예수님의 생애는 알파벳 V를 연상시킵니다. 예수님은 본래 하나님이십니다. 예수님은 본래 존귀와 영광과 권세에 있어 최상, 최고의 하나님이십니다. 그런데 그 하나님께서 피조물의 형상을 입고 친히 참 인간이 되셨고, 빌라도에게 고난 당하시고, 십자가에서 죽으셨을 뿐만 아니라, 저주를 받아 사망 권세를 경험하시고, 지옥에까지 낮아지셨습니다. 죄인인 인간이 죄의 결과를 지고 당해야 하는 모든 낮아지심과 수치를 예수님께서 대신 당하신 것입니다. 이것을 가리켜 '비하의 신분'이라고 설명합니다.

그러자 하나님은 아들을 지극히 높여 부활과 승천과 심판의 모든 권한을 위임하셨고, 모든 이름 위에 뛰어난 이름이 되게 하셨습니다. 가장 높은 곳까지 아들을 높이셨습니다. 결국 아버지는 아들이 아버지의 거룩한 뜻을 좇아 모든 것을 포기하고, 낮아지심과 섬기심과 희생으로 순종하셨을 때, 만물을 그 발 앞에 무릎을 꿇게 하시고, 온 천하 만민이 그 행하신 일을 노래하는 위대한 이름으로 높이셨습니다. 가장 높은 영광이 아들에게 주어진 것입니다. 이것이 '승귀의 신분'이라고 설명합니다. 결국 사도신경은 예수님의 행하심을 '비하'(卑下, Humiliation)와 '승귀'(昇貴, Exaltation)의 구도를 통해 보여주고 있습니다.

사도신경의 이러한 구도는 예수 안에서 우리가 어떻게 놀라운 승리를 경험할 수 있는가에 대한 승리의 공식을 함께 보여주고 있습니다. 교회의 승리, 성도의 진정한 영광은 어떻게 주어질까요? 그것은 예수님처럼, 또는 삼위 하나님께서 서로에게 낮아짐과 섬김과 희생을 통해 하나되심을 통해 서로의 영광을 보여주신 것처럼 우리도 이와 같은 모범을 따라

살 때, 교회의 진정한 영광과 승리가 주어집니다. 따라서 사도신경은 우리 신앙의 분명한 내용을 담고 있는 고백일 뿐만 아니라, 우리가 어떤 삶을 살아야 하는가에 대한 삶의 실천적 내용까지 함께 보여주는 귀한 고백서입니다.

5) 성령님은 어떤 분이십니까? 삼위일체(三位一體, Trinity)에 대해 말할 수 있습니다.

성령님은 아버지와 아들과 함께 존귀와 영광과 권세에 있어 동일하신 하나님이십니다. 성부와 성자와 성령으로 존재하시지만 한 분 하나님이라고 부르는 것은 기독교 신앙의 영원한 신비라고 할 수 있습니다. 삼위일체의 정확한 뜻은 하나님은 성부와 성자와 성령으로 존재하시며, 하나가 되어(=oneness) 일하신다는 뜻입니다. 이것을 가리켜 삼위일체(三位一體, Trinity)라고 말합니다.

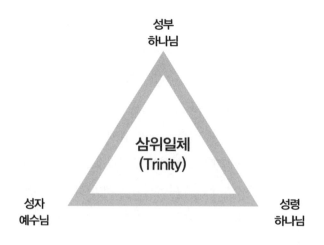

즉, 삼위일체라는 말은 아버지와 아들과 성령께서 각각 존재하시면서도 온전히 하나가 되어 일하시는 존재(=내재적 삼위일체)와 일하심의 방식(=경륜적 삼위일체)을 표현하는 말입니다. 이 귀한 교리는 차차 배워 익히심으로, 신앙의 더 깊은 이해에 이를 수 있기를 바랍니다.

6) 성령께서 친히 주관하셔서 하시는 일은 무엇입니까? 구체적으로 살펴보십시오.

(1) 교회를 향한/ "거룩한 공교회와"

거룩한 공교회를 세우시고, 친히 인도하십니다. 이는 하나님의 백성들의 거룩한 모임을 이루어 가심을 말합니다.

(2) 성도 개개인의 삶 속에서/ "성도가 서로 교통하는 것과"

성도가 서로 교통하는 것, 즉 성도들의 교제 가운데도 함께 하십니다.

(3) 구원에 대해/ "죄를 용서받는 것과"

예수 그리스도께서 흘리신 피의 공로를 모든 시대를 넘어 우리의 사건이 되게 하십니다. 지금부터 2,000여 년 전에 역사 속에서 이루어진 예수님의 십자가의 사건을 오늘 우리의 사건이 되게 하셔서, 우리가 예수의 십자가의 공로로 구원을 얻게 하시는 것은 전적으로 성령님의 일이십니다.

(4) 육체의 부활 / "몸이 다시 사는 것과"

이 세상을 떠난다 해도 이것이 끝이 아니라 영원한 생명의 부활로 이끄십니다. 이미 예수 그리스도 안에서 영원한 생명에 참여한 우리는 장차 주님 앞에 설 때, 영원히 살 새로운 육체를 덧입게 됩니다. 기독교 신앙에서 진정한 인간은 온전한 육체에 온전한 영혼이 깃든 상태를 의미합니다.

(5) 영원한 생명에 대해 / "영생을 믿습니다."

하나님의 궁극적인 소망은 우리를 그분의 영원한 나라로 초대하셔서, 친히 왕으로 통치하시는 그 나라의 백성으로 살게 하시는 것입니다. 그리고 그 나라가 아름다운 것은 그곳은 우리의 영원한 왕이신 하나님께서 친히 통치하시는 나라이기 때문입니다.

사도신경은 교회가 사용하는 거의 모든 찬송가 앞이나 뒤에 기록될 정도로 보편적인 신앙고백으로 인정되고 있습니다. 또한 대부분의 교회에서 매 주일 예배 시간마다 반복해서 모든 성도가 입술로 고백하는 중요한 신앙 고백입니다. 그러나 모든 것이 익숙해지다보면 형식적인 주문처럼 될 수도 있고, 또한 의미 없는 중얼거림처럼 여겨질 수도 있는 위험성을 늘 지니기도 합니다. 또한 큰 의미 없이 중언부언하는 기도문처럼 취급되기도 합니다.

그러나 사도신경을 공동체의 고백으로 삼아 함께 고백한다는 것은 우리가 같은 신앙의 고백 위에, 같은 소망을 품고, 같은 목적을 향해 가는 공동체임을 보여주는 것입니다.

따라서 앨버트 몰러(Albert Mohler)의 사도신경에 대한 다음과 같은 고백은 깊이 생각할 필요가 있습니다. 그는 유서 깊은 신앙고백의 의미를 제대로 기억하고 간직할 수 있도록 독자를 돕기 위해 「오늘 나에게 왜 사도신경인가?」라는 책을 저술했는데, 책 표지에 다음과 같은 문구를 적어 넣었습니다.

"1,600여 년간 이어진 기독교 최초의 신앙고백 위에 내 믿음을 세워 간다."

이를 위해 그는 그 책에서 사도신경의 내용들을 꼼꼼하게 살피면서 기독교 신앙의 체계를 설명했습니다.

사도신경은 우리가 물려받은 귀한 신앙의 유산임이 너무나도 분명합니다. 따라서 사도신경으로 신앙을 고백하는 시간이 그저 앵무새처럼 수도 없이 되뇌는 의미 없는 중얼거림이 아니라 가슴에 담고 새기고 마음판에 새기는 시간으로 삼아야 합니다. 그리고 이를 통해 우리 신앙의 체계를 굳게 세우고, 우리의 공동체가 한 신앙의 공동체임을 확인함과 동시에 교회가 바르게 이 고백 위에 세워져 가도록 힘써야 합니다.

볼지어다 내가 문 밖에 서서 두드리노니

누구든지 내 음성을 듣고 문을 열면 내가 그에게로 들어가

그와 더불어 먹고 그는 나와 더불어 먹으리라

(요한계시록 3:20)

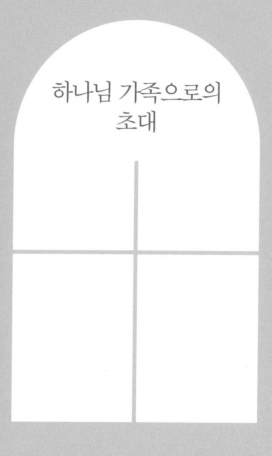

하나님 가족으로의
초대

교회의 일원이 된다는 것은 교회의 일원으로 하나님의 거룩한 백성으로 살아가는 것을 말합니다. 이는 단순히 예배당에 드나드는 것을 의미하지 않습니다. 우리는 흔히 교회에 다닌다는 말을 종종 사용합니다. 그러나 이 말은 정확한 표현은 아닙니다. 오히려 교회의 일원으로 살아간다는 말이 좀 더 정확한 표현입니다. 교회는 하나님의 선택하심을 받은 영광스러운 공동체이며, 장차 영원한 하나님 나라에 들어갈 영광이 보장된 사람들입니다.

그러면 우리는 어떻게 영광스러운 교회의 일원이 되며, 그 영원한 신비에 참여할 수 있을까요. 오늘은 그것을 살피고자 합니다.

슬픈 이야기

1945년 세계 제2차 대전이 끝난 후에도 종전(終戰)의 소식을 듣지 못하여 29년 동안 필리핀 루방섬 정글에 은신해 짐승처럼 살던 사람이 있었습니다. 그 사람의 이름은 일본군 중위 오노다 히루입니다. 그는 일본군 장교로 22세 때, 필리핀에 파견되어 29년이 지난 1974년 그의 나이

52세 때 발견되었습니다. 그는 전쟁이 끝났고 일본이 경제적 대국이 되었다는 사실을 알지 못했기 때문에 그의 나이 52세 되기까지 불행한 삶을 살아야 했습니다.

그런데 이러한 일은 단순히 오노다 히루 씨의 이야기만은 아닙니다. 구원의 놀라운 길이 열렸고, 누구든지 그 길로 걸어 들어가 구원받을 수 있음에도 여전히 캄캄한 밤길을 헤매듯 길을 잃고, 길을 찾지 못하는 이들이 있고, 또한 길을 아무리 이야기해도 들으려고도 하지 않고, 받아들이려고도 하지 않아 두려움과 절망 가운데 사는 사람들이 너무나도 많기 때문입니다. 그리고 비록 오노다 히루 씨는 죽을 때까지 전쟁이 끝난 줄을 모르고 살았다 해도 그 비극은 단지 이 세상에서 겪게 되는 비극이었지만, 지금 사람들이 구원의 길을 거절하고 걷고 있는 어둠의 길은 영원히 끝나지 않는 비극으로 연결되어 있기 때문에 그 심각성은 훨씬 더합니다.

그러면 우리는 어떻게 이 어둠을 벗어나 광명으로 나아가 진정한 길을 찾을 수 있을까요?

하나님께서 이 세상을 위해 행하신 놀라운 일이 있습니다. 하나님은 세상을 사랑하십니다. 어제나 오늘이나 영원토록 그러하십니다. 하나님의 본성과 본질은 사랑을 결코 포기하실 수도, 실패할 수도 없는 분이시기 때문입니다. 지금부터 하나님께서 우리를 위해 행하신 그 놀라운 이야기를 나누려고 합니다. 이 나눔을 통해 유일한 길 되시고, 유일한 진리 되시고, 유일한 생명이 되시는 예수님께로 나아가 영원한 생명에 참여하기를 소망합니다.

원래 인간

1) 하나님을 닮은 존재

사람은 하나님을 닮은 존재로 지어졌습니다. 인격적인 하나님을 따라 지어졌기에 사람은 인격적 존재입니다. 인격적 존재로 지으심을 받았다는 것은 하나님의 성품을 좇아, 하나님의 관계성을 따라, 그리고 하나님의 거룩한 동역자인 왕적 존재로 지으심을 받았다는 뜻입니다. 하나님께서는 지으신 모든 것 중에 인간을 가장 영화로운 존재로 지으시고, 존귀와 영화로 관을 씌우셨습니다. 성경은 이를 이렇게 묘사하고 있습니다.

"하나님이 자기 형상 곧 하나님의 형상대로 사람을 창조하시되 남자와 여자를 창조하시고 하나님이 그들에게 복을 주시며 그들에게 이르시되 생육하고 번성하여 땅에 충만하라, 땅을 정복하라, 바다의 물고기와 하늘의 새와 땅에 움직이는 모든 생물을 다스리라 하시니라"(창세기 1:27-28).

2) 하나님과의 긴밀한 관계 속으로의 부르심

하나님께서 인간을 하나님의 형상대로, 인격적 존재로 지으셨다는 것은 사람은 하나님의 특별한 사랑의 대상이며, 또한 하나님께서 인간을 유일한 교제의 파트너로 부르신 영광스러운 존재들임을 말합니다. 하나님의 인간 창조의 사건 속에는 이 놀라운 하나님의 섭리가 담겨 있습니다. 따라서 사람은 하나님과 교제하는 가운데, 그 말씀에 순종하고, 진심으로 따를 때 영생과 풍성한 삶을 누릴 수 있습니다.

범죄한 인간

1) 분리

하나님께서는 지으신 아담과 하와와 더불어 영원한 사랑의 언약을 맺으셨습니다. 그 내용은 다음과 같았습니다.

"여호와 하나님이 그 사람에게 명하여 이르시되 동산 각종 나무의 열매는 네가 임의로 먹되 선악을 알게 하는 나무의 열매는 먹지 말라 네가 먹는 날에는 반드시 죽으리라"(창세기 2:16-17).

그런데 문제가 생겼습니다. 하와는 아담과 더불어 그 언약을 어기고 선악을 알게 하는 나무의 실과를 먹고 범죄했습니다. 그리고 그 죄로 인하여 하나님과 인간 사이에, 인간과 인간 사이에, 그리고 자연과 인간 사이에 높은 담이 놓이게 되었습니다. 죄로 말미암아 사람은 하나님과 그분의 사랑으로부터 분리되었고, 사람 사이의 깊은 신뢰도 깨졌으며, 또한 자연에 대한 왕으로서의 권세도 잃게 되었습니다.

성경에서 죄를 가리킬 때, '하말티아'라는 단어를 사용합니다. "빗나간 화살"이라는 의미입니다. 즉 인간은 지음을 받을 때부터 하나님이라는 과녁을 향하게 지어졌고, 그럴 때 그 행복이 보장되고 안식할 수 있는 존재로 지어졌습니다. 그런데 그 과녁으로부터 벗어나 멀어져 간 것입니다. 이것이 죄를 가리키는 '하말티아'라는 단어의 뜻이고, 죄의 본질입니다. 즉 죄는 하나님과의 분리를 말합니다. 즉 하나님과의 신뢰가 깨진 것을 말합니다.

"오직 너희 죄악이 너희와 너희 하나님 사이를 갈라 놓았고"(이사야 59:2).

2) 죄인

모든 사람은 죄인입니다. 아담은 모든 인류를 대표해서 하나님과 언약을 맺었는데, 그 아담이 죄를 지음으로써 아담 안에서 아담의 후손인 모든 인류는 죄인이 되었습니다. 이것을 가리켜 언약이라고 부릅니다. 첫 사람 아담 안에서 이후로 존재하게 될 모든 인류는 하나님과 언약을 맺은 것입니다.

"모든 사람이 죄를 범하였으매 하나님의 영광에 이르지 못하더니"(로마서 3:23).

3) 죄의 결과

죄의 결과, 사람은 죽음과 하나님의 심판을 피할 수 없게 되었습니다. 이것은 언약을 어길 경우에 따른 말씀의 결과입니다.

"죄의 삯은 사망이요 하나님의 은사는 그리스도 예수 우리 주 안에 있는 영생이니라"(로마서 6:23).

"한번 죽는 것은 사람에게 정해진 것이요 그 후에는 심판이 있으리니"(히브리서 9:27).

구원자

그럼 우리는 어떻게 이 죄의 비참함으로부터 벗어날 수 있을까요?

1) 인간의 노력으로 불가능

사람들은 도덕과 선행, 철학, 종교 등 자신의 힘으로 하나님께 도달하려고 끊임없이 애쓰고 있지만 그것은 불가능합니다. 죄가 선한 길을 찾을 능력을 가렸고, 선을 행할 능력을 차단했기 때문입니다. 사람으로서는 구원을 얻을 만한 능력이 없습니다.

"다른 이로써는 구원을 얻을 수 없나니 천하 사람 중에 구원을 받을 만한 다른 이름을 우리에게 주신 일이 없음이라"(사도행전 4:12).

"어떤 길은 사람이 보기에 바르나 필경은 사망의 길이니라"(잠언 14:12).

2) 외부로부터의 구원

그럼 어떻게 구원을 얻을 수 있을까요? 구원은 외부로부터 와야 합니다. 그래서 하나님께서는 스스로 사람의 구원을 위한 길을 마련하셨습니다. 그것은 죄 없는 자로 죄 있는 자를 대신하게 하는 것입니다. 그리하여 죄 없으신 예수 그리스도를 세상에 보내셨습니다. 예수님은 우리의 죄를 위해 이 땅에 오셨습니다.

"하나님이 그 아들을 세상에 보내신 것은 세상을 심판하려 하심이 아니요 그로 말미암아 세상이 구원을 받게 하려 하심이라"(요한복음 3:17).

3) 구원자

예수 그리스도는 참 인간이신 동시에 참 하나님이십니다. 참 하나님이신 예수님은 죄가 없으십니다. 오직 예수 그리스도만이 우리를 하나님께로 인도하실 수 있으십니다.

"태초에 말씀이 계시니라 이 말씀이 하나님과 함께 계셨으니 이 말씀은 곧 하나님이시니라"(요한복음 1:1).

"말씀이 육신이 되어 우리 가운데 거하시매 우리가 그의 영광을 보니 아버지의 독생자의 영광이요 은혜와 진리가 충만하더라"(요한복음 1:14)

4) 그가 하신 일

예수 그리스도는 우리의 죄를 대신해 십자가에 못 박혀 죽으심으로 우리를 죄의 권세로부터 해방시키셨고, 사망 권세 이기시고 부활하심으로 영원한 생명의 길을 마련하셨습니다.

"우리는 다 양 같아서 그릇 행하여 각기 제 길로 갔거늘 여호와께서는 우리 모두의 죄악을 그에게 담당시키셨도다"(이사야 53:6)

"이는 성경대로 그리스도께서 우리 죄를 위하여 죽으시고 장사 지낸 바 되었다가 성경대로 사흘 만에 다시 살아나사"(고린도전서 15:3-4).

구원의 방법

1) 기쁜 소식

기쁜 소식이 있습니다. 바로 우리의 구원을 위해 하나님께서 예수님을 이 땅에 보내셔서 십자가에 죽게 하셨다는 것입니다. 이것을 우리는 복음(유앙겔리온, 기쁜 소식)이라고 말합니다.

"너희는 그 은혜에 의하여 믿음으로 말미암아 구원을 받았으니 이것은 너희에게서 난 것이 아니요 하나님의 선물이라"(에베소서 2:8).

2) 믿음

우리는 단지 이 복음을 듣고 예수 그리스도를 자신의 구주와 주님으로 믿기만 하면 됩니다. 믿는 자는 구원을 받습니다.

"내가 진실로 진실로 너희에게 이르노니 내 말을 듣고 또 나 보내신 이를 믿는 자는 영생을 얻었고 심판에 이르지 아니하나니 사망에서 생명으로 옮겼느니라"(요한복음 5:24).

3) 영접

믿는다는 것은 하나님께서 허락하신 구원의 길을 신뢰함으로 진실한 마음으로 예수님을 구주로 받아들이는 것을 말합니다. 내가 죄인인 것과 예수 그리스도를 통해서만 구원받을 수 있음을 인식하고 전심으로 예수 님을 나의 주님으로 영접하는 것입니다.

"볼지어다 내가 문 밖에 서서 두드리노니 누구든지 내 음성을 듣고 문을 열면 내가 그에게로 들어가 그로 더불어 먹고 그는 나로 더불어 먹 으리라"(요한계시록 3:20).

4) 결단

이제 이 예수님을 믿고 영접하심으로 구원의 은혜를 받고, 영원한 생 명에 참여하시기를 바랍니다.

"네가 만일 네 입으로 예수를 주로 시인하며 또 하나님께서 그를 죽 은 자 가운데서 살리신 것을 네 마음에 믿으면 구원을 받으리라 사람이 마음으로 믿어 의에 이르고 입으로 시인하여 구원에 이르느니라"(로마서 10:9-10).

5) 결과

영접하는 자에게는 다음과 같은 특권을 허락하십니다.

"영접하는 자 곧 그 이름을 믿는 자들에게는 하나님의 자녀가 되는 권세를 주시며"(요한복음 1:12), 하나님의 약속을 믿고 그의 보내신 자 예수를 믿는 자들에게는 영생을 주시고 사망에서 생명으로 옮기십니다(요한복음 5:24).

우리는 내일 일을 알 수 없습니다. 그래서 사도 바울은 하나님의 거룩하심 앞으로 걸어가는 것을 주저하는 자들에게 이렇게 도전했습니다.

"내가 은혜 베풀 때에 너에게 듣고 구원의 날에 너를 도왔다 하셨으니 보라 지금은 은혜 받을 만한 때요 보라 지금은 구원의 날이로다"(고린도후서 6:2).

지금, 오직 지금만이 우리의 시간입니다. 지금은 우리에게 허락하신 유일한 기회입니다.

기회에 대한 다음과 같은 이야기를 잘 아실 것입니다. '기회'가 어떻게 생겼는지 그 모습을 잘 설명해주는 이야기입니다. 그리스에 시라큐스라는 이상한 동상 하나가 있었습니다. 그 동상의 모습을 보면 발에 날개가 붙어 있고 앞머리에는 무성한 머리카락이 있는 반면, 뒷머리에는 머

리카락이 하나도 없는 대머리입니다.

이 이상한 동상 아래에는 다음과 같은 글귀가 새겨져 있었습니다.

- 누가 당신을 만들었습니까? 리시포스
- 당신의 이름은 무엇입니까? 기회
- 왜 발에 날개가 달렸습니까? 빨리 사라지기 위해서
- 앞머리가 왜 그리 무성합니까? 사람들이 나를 보았을 때 쉽게 붙잡게 하기 위해서
- 뒷머리는 왜 대머리입니까? 내가 지나가면 사람들이 다시는 붙잡지 못하도록 하기 위해서

"너는 내일 일을 자랑하지 말라 하루 동안에 무슨 일이 일어날는지 네가 알 수 없음이니라"(잠언 27:1).

오직 오늘이라는 날, 아직은 우리에게 기회가 있을 때 나의 죄인 됨과 내 안에는 구원에 이를 만한 아무런 능력이 없음을 깨닫고, 겸손히 주님 앞에 나와 십자가를 붙들고 하나님을 힘 있게 의지하심으로 구원에 참여하시고, 영원한 생명을 누리시기를 바랍니다.

예수님을 영접하기를 원하시는 분은 함께 이 기도를 드릴 수 있기를

바랍니다.

"사랑의 하나님, 저는 죄인입니다. 하나님의 사랑과 구원의 계획 가운데 저의 죄를 대신하여 예수님께서 십자가에 못 박혀 죽으심을 믿습니다. 지금 저의 마음의 문을 열고 예수님을 나의 구주와 주님으로 영접합니다. 내 마음의 중심에 들어오셔서 이제부터 영원까지 다스려 주시옵소서. 예수님의 이름으로 기도드립니다. 아-멘."

예수님께서 말씀하셨습니다.

"내가 곧 길이요 진리요 생명이니라"(요한복음 14:6).

예수님만이 하나님께로 갈 수 있는 유일한 길이고, 예수님만이 구원에 이를 수 있는 유일한 진리이며, 예수님만이 영원한 생명으로 인도하시는 분이십니다.

이 예수님을 영접함으로 우리는 하나님 나라의 권속으로 거듭날 뿐만 아니라, 이 거룩한 공동체의 일원이 됩니다. 모두 이 영광스러운 공동체의 일원이 되어 이 땅에서뿐만 아니라, 영원한 은혜와 생명을 함께 누릴 수 있기를 바랍니다.